ASÍ LO HICIERON

ASÍ LO HICIERON

Clemente Nicado

PLAZA
EDITORIAL

Title: Así lo hicieron
Autor: Clemente Nicado
© Nicado Publishing Company, Inc. 2012
Publisher: Plaza Editorial
Editor: Víctor Flores García
Diseño interior y maquetación: Jorge Mota
Diseño de portada y contraportada: Alberto March
www.grafmarc.com
Fotografías:
Brian Morowczynski
Antonio Echeverría
Joan Romero
Nicado Publishing

ISBN-13: 978-1481015622
ISBN-10: 1481015621

PLAZA
EP
EDITORIAL

www.plazaeditorial.com
Printed in USA, 2012

A Julia García y Felipe S. Nicado,

por su guía y luz inapagable que hoy

alumbra a sus cuatro hijos.

ÍNDICE

Introducción

Cuando daba los puntos finales a esta compilación de 25 perfiles empresariales, recordaba un frío día del 2006 que llegué a casa y le dije a mi esposa que quería lanzar una publicación exclusiva de negocios latinos en Chicago. Entonces me preguntó con algo de zozobra que cuándo lo quería hacer, y le respondí de manera escueta: ¡Now!

Mirando atrás, trabajando entonces en la Torre del Tribune, mi decisión de lanzarme al azaroso mundo empresarial, tenía tintes suicidas. Pero cuando reflexiono sobre las razones que me empujaron a abrir *Negocios Now*, no hay otra explicación que el contagio por las proezas de empresarios latinos, de quienes escribía periódicamente desde mi sección "Emprendedores" en el diario HOY.

Podría afirmar entonces que ***Así lo hicieron*** nació atrapado entre dos pasiones: mi incurable pasión por el periodismo y la pasión que cada día imprimen a sus sueños empresarios de diferentes generaciones, a quienes he entrevistado en los últimos nueve años y hoy les agradezco mi metamorfosis.

Los perfiles recogidos en este volumen, colocados al azar, son historias de latinos admirables, hombres y mujeres, que un día tomaron la decisión de transformarse en dueños de empresas, guiados por su intuición, su olfato natural para los negocios, su hambre de gloria, su audacia para abrir la puerta de las oportunidades, su educación costeada con sacrificio, una experiencia previa o por simples azares de la vida difíciles de explicar.

En estas páginas conviven las historias de un joven que, de niño, vendía chicles y de adulto, lanzó su compañía de tecnología de la información y ha llegado a ser el Empresario del Año de la Administración de Pequeños Negocios (SBA por sus siglas en inglés), de la gerente de una tienda por departamento que maneja hoy una exitosa compañía de ómnibus, del inmigrante que, cansado de limpiar piso, tiró el trapeador y armó una reputada empresa de limpieza, o la del mexicano que en su país natal vivió en un rancho sin electricidad, escuela o agua potable, cruzó la frontera y hoy es dueño de dos fábricas de cajas de cartón que producen 20 millones en ingresos anuales.

Cada uno de los artículos de este libro -y otros que incluiremos en una segunda edición- me enseñaron algo, dejaron en mí una huella a seguir, una lección de la vida, una dosis de inspiración, y a veces un oportuno mandato en un momento difícil para este periodista-empresario. Con **Así lo hicieron** he querido transmitir toda esa energía emprendedora recogida en las historias de los protagonistas con la esperanza de que también funcione como catalizador a todo inmigrante que llegó a este país con la misma idea de triunfar en la vida al timón de su propio destino.

Clemente Nicado
Chicago, noviembre 2012.

0
Clemente Nicado:
Remontar la corriente

Las 25 historias que recoge este libro no son ficciones sino realidades. Estos perfiles trazados con pluma veterana y notable estilo propio, son fragmentos estimulantes de vidas sorprendentes, narradas con la mirada franca y acuciosa de un periodista que encarna, él mismo, la esencia de sus personajes: el valor de nadar contra la corriente.

Clemente ha nadado contracorriente tanto como los 25 fascinantes hombres y mujeres retratados en este libro. Lo puedo decir como un testimonio: nos conocimos en México en el final de Siglo XX, ganándonos la vida trabajando como corresponsales extranjeros.

Nuestra amistad surgió de la camaradería que da la experiencia de cubrir historias esperanzadoras o terribles, que van de la ilusión al drama, de lo trivial a lo trascendente: desde las multitudes alrededor de una visita del Papa a México, llena de fervor religioso; pasando por el fin de la dictadura perfecta, como la bautizó el escritor peruano Mario Vargas Llosa, en 2000, cuando cubrimos la desigual carrera del ranchero Vicente Fox contra el Partido Revolucionario Institucional (PRI), el más longevo partido de Estado de todos los tiempos; hasta que la vida y el mismo oficio nos llevó a presenciar el drama de un cementerio que se derrumbó en Veracruz sobre un barrio precario, enclavado en la ladera de un cerro desgajado, cuando se perdieron decenas de vidas sorprendidas, entre ellos una niña aferrada a su muñeca.

En aquellos años, nuestra periodística vida bohemia siempre estuvo teñida por la búsqueda de una historia singular que contar, la vida íntima de las colectividades enteras, la pincelada invisible de un mural heterogéneo, el pequeño ladrillo que retratara un muro gigantesco, a la manera de Mario Benedetti, quien cargaba un ladrillo para mostrar a todos como fue su casa. De eso charlábamos cada vez que nos veíamos o hablábamos por teléfono.

Hay algo que es difícil de explicar para quienes se dedican a narrar historias: la dificultad de encontrar el aliento, el tono justo para un relato sin excesos. Es eso que los escritores llaman el estilo propio. Puedo decir con la certeza que da la experiencia de los años, que esa piedra filosofal no existe: está simplemente en los otros, en la mirada de los otros, en la experiencia, en el aliento y en la vida de los otros que nos miran. Son nuestros espejos. Quien sea capaz de ponerse en los zapatos de los otros, será capaz de interpretar sus vidas y narrarlas en primera persona como si fueran propias.

Eso, que parece sencillo, pero que sólo se logra en el tenaz dominio del oficio de las palabras, y con la empatía que da la adversidad, es lo que ha hecho Clemente con los diamantes en bruto que son estas 25 historias; y las que siguen.

Empujar al río a un amigo

Juntos compartimos desvelos y malpasadas, trayectos kilométricos, relatos de escenarios que nunca vieron la luz, fuentes de información abiertas o confidenciales; y hasta equipos e instrumentos profesionales. A Clemente le gusta narrar que la primera nota que él envío vía satélite a todo el mundo, desde un auto que corría a más de 120 kilómetros por hora huyendo de la fuerza de la naturaleza, la hizo desde mi laptop, cuando regresábamos de contar los muertos de aquella tragedia de tormentas en Veracruz y la sierra de Puebla a finales de los 90.

Nos conocimos sin hijos desde hace 15 años, según mis cuentas. Y fui testigo privilegiado de los dilemas de su decisión de poner otro desafío en su carrera, desembarcando en Chicago. Aquella difícil disyuntiva enamorada lo salvó: fue cuando decidiera emprender una vida a contracorriente, llena de peligros acechando, de las dudas y de las vicisitudes de ser sapo en charco ajeno. Una década después, hoy nos presenta, con todos sus matices, el rostro duro y a la vez amable de estas tierras, los claroscuros de la lucha por la vida y la cosecha del triunfo cultivado.

Conozco el profundo desgarramiento interior que aquella decisión le cobró a Clemente, arrinconado en la soledad del inicio de su nuevo camino. Si alguna infidencia puedo filtrar en este breve relato, es que fui injusto y cruel cuando lo incité de la manera más vehemente a tomar aquella decisión de ir contra la corriente. Era como empujar al agua a un amigo que no conoce un río, pero que sabe nadar. Clemente tomó al final una decisión propia y remontó el río.

Hay una nueva fuerza en esta obra de Clemente que procede de otras fuentes nobles, inocentes: ni él ni yo teníamos entonces lo que es el mayor de nuestros logros, enorme desafío a la vez: dos hijos cada uno, a quienes nos hemos consagrado para mostrarles que sí se puede hacer un camino propio desde abajo.

Con su oficio depurado de buen cronista, Clemente nos muestra mucho con este mosaico de triunfadores, con su observación de veterano periodista corresponsal –otra vez-, el detalle sutil, la deleitable anécdota cotidiana con la fuerza de una parábola fundante. Nos muestra que nada es blanco y negro en el mundo; que los matices infinitos y multicolores de la vida tiñen lo que los seres humanos deciden hacer de ella, lejos de todo fatalismo, dogma o doctrina. Que al fin de cuentas, lo que cuenta es atreverse; y vencerse a uno mismo y a su desfavorable circunstancia.

De carpas a dragones

Hay un noble animal que resume el espíritu de estos hombres y mujeres latinos que remontaron la corriente adversa: las carpas, que según la tradición oriental, pueden convertirse en dragones si logran llegar hasta la cima.

La leyenda pedagógica de las carpas dice así: habrá de nadar contra la corriente, hacia arriba, y luego intentará alcanzar la cima de la caída del agua. Para esto habrá de realizar esforzados intentos, repetidamente, para que, después de caídas y más caídas, haciendo acopio de todas sus energías, con un maravilloso y último salto fuera del agua alcance la cresta de la cascada y se convierta finalmente en un dragón, símbolo de lo creativo.

Las cualidades del dragón son la fuerza y la energía primigenia, que es luminosa, que es fuerte y espiritual. Así lo describe al menos el milenario *I'Ching* o *Libro de las Mutaciones*, que atribuye a quienes nacen marcados por este signo una definición primordial de su carácter: "Lo creativo será un elevado logro propiciado por la perseverancia, y es símbolo de la energía dinámica y eléctrica, fuerte e incitante que se manifiesta en mitad de la tormenta".

Por eso, el Día del Niño en el Japón es el día del Dragón. Y en todas las casas donde ha nacido un niño o una niña el año anterior ondean unos bellos estandartes diseñados y decorados en forma de carpas, que se hinchan con el viento, para inculcar en las nuevas generaciones las características del dragón: la perseverancia, la fortaleza y el valor.

Conocí esta leyenda por mi gran amigo pintor y restaurador mexicano Héctor Trillo, ahora dragón septuagenario fascinado por la cultura oriental, quien aprendió su oficio viniendo desde abajo, ayudando a cargar la paleta de colores a su Maestro Lemus, quien restauraba murales de José Clemente Orozco montado en frágiles andamios a una abismal distancia de decenas de metros sobre el piso.

Dicen que Chicago es una tierra para probar el carácter de los triunfadores que remontan la corriente cuesta arriba. Viniendo desde abajo, desde los barrios de las comunidades afroamericanas más carenciadas, se puede llegar a ser Presidente de los Estados Unidos.

Pensé en estos dragones latinos cuando uno de ellos, mi colega y amigo Clemente, me pidió editar y prologar sus historias de vidas que han sido vividas nadando cuesta arriba, contra la corriente.

La verdad es que las carpas necesitan de muchos huevos para que uno de sus descendientes pueda remontar la corriente. No es una metáfora: 200 mil huevos por cada kilogramo de peso deben aportar para la carrera contra la adversidad; y se han llegado a pescar carpas de más de 30 kilos.

Son muchos huevos los que se requieren para que uno de ellos se convierta en dragón. Aquí tenemos 25, más uno, de esos huevos. Dejo con ustedes la vida de 26 dragones latinos.

Víctor Flores García,

Puebla, México, noviembre 2012

1
Juventino Cano:
Cosechando la gloria en cajas de cartón

Nació en Estapilla, un rancho de Colima sin luz eléctrica ni escuela, ni agua potable ni carretera, donde se levantaba a las 3 o 4 de la mañana a ordeñar vacas y para el 2012 Juventino Cano es el dueño de una compañía con ventas superiores a los $20 millones anuales.

El propietario de Cano Container Corporation, una de las empresas hispanas de más rápido crecimiento en Estados Unidos, es el primer asombrado de su éxito.

Juventino Cano abre los ojos sorprendido: "Me veo a mí, de dónde vine y hasta dónde he llegado y es una cosa increíble". Sin embargo, detrás de su historia extraordinaria está aquel niño de Estapilla que noche y día se abrió paso con sus propias manos.

No olvida sus orígenes: "Mi primer trabajo pagado fue en el jardín de una universidad en México. No me querían contratar porque sólo tenía 13 años. El ser un niño espigado y la mediación de un tío, me ayudó para quedarme allí".

El jovencito empezó botando yerba en el centro de estudio y terminó trabajando en un ascensor del centro universitario, sin sospechar entonces cuan alto iba a subir en la montaña de su vida.

Cano inició la ruta hacia su insólito éxito en 1974, cuando dejó su natal México para seguir los pasos de dos hermanos mayores, quienes cuatro años antes habían emigrado a Aurora, Illinois, en busca también de un mejor futuro.

Juventino llegó a Aurora cuando tenía 17 años y rápido comenzó a trabajar en la misma fábrica de sus hermanos, Dimensions Packaging; haciendo lo mismo: cajas de cartón.

El adolescente comenzó a trabajar en la compañía desde los puestos más bajos y escaló velozmente hasta llegar a ser el superintendente Juventino Cano.

El camino fue lento: "Empecé haciendo trabajos muy simples como arreglos de cajas, luego de ayudante, más tarde de operador, de jefe de grupo y así fui subiendo hasta llegar a superintendente de la compañía".

Como la mayoría de los inmigrantes, Cano no sabía absolutamente nada de inglés: "Fui a la escuela cuando vi las oportunidades que se me estaban presentando. Trabajaba de día e iba a la escuela de noche".

Más que una hamburguesa

No transcurrió mucho tiempo cuando la oportunidad llegó de manera inesperada. Y vino de una boca grande: McDonald's.

En 1986 un alto ejecutivo de McDonald's buscaba alguna empresa que pudiera proveer cajas de cartón a sus proveedores, como parte de su compromiso de apoyar a compañías de minoría. Le preguntó al jefe de Dimensions Packaging, Joseph Kindlon, si conocía a alguien y este sugirió a Cano empezar su propia compañía.

El trato fue justo: "El vio potencialidades en mí. Le dije que sí, pero que no tenía dinero. Él me apoyó económicamente para registrar la empresa, Cano Container Corporation, en Leslie, Illinois. Yo con el 51 por ciento de las acciones y él con el 49.

Lo mejor vino después. "McDonald's organizó una reunión con sus proveedores de todo el país, les presentó mi compañía y otras dos de minoría, y les pidió que nos apoyasen comprándonos productos". Entre ellos se incluyó Kraft Foods, y McCormick, proveedores de queso e ingredientes, respectivamente.

Para entonces Cano era su propia empresa. No tenía trabajadores. Todos los productos los mandaba a hacer a un tercero, a su jefe, quien tenía otras plantas. McDonald's, sin embargo, quería que Cano Containeir y las demás pequeñas compañías produjeran sus propias mercancías y crearan empleos, dijo el empresario.

Siguiendo este propósito, en 1988 trasladó su compañía a Aurora y allí montó una planta en un local de 37,000 pies cuadrados, con una máquina y 13 trabajadores.

"Fue cuando realmente empecé a aprender lo que era un negocio: los costos de la renta, tener empleados, la contabilidad, los gastos generales, y muchas cosas de las cuales no tenía noción alguna. Todo un reto. Sabía muy bien cómo hacer cajas, pero no cómo venderlas". Cano sonríe de su pasado.

Y en su afán de "no dejar escapar fácilmente las oportunidades", regresó a la escuela para obtener conocimientos básicos de administración de empresa que le dieran la luz que necesitaba para construir un negocio próspero.

"Seré la misma persona humilde de siempre"

El crecimiento demandaba más espacio. En 1993 se mudó para un edificio de 60,000 pies cuadrados y años después, "para ser más competitivo", compró dos máquinas por dos millones de dólares, "lo mejor que había en el mercado", recuerda.

Siguió creciendo. En 1999 compró el 51 por ciento de Commander Packaging West, una planta similar que tenía su ex jefe y socio, a quien también le compró el 49 por ciento de Cano Container Corporation. Hoy es dueño 100 por ciento de las dos empresas que han registrado ventas de $20 millones anuales. Tal es el crecimiento que en el 2010 el empresario compró un edificio de 177,000 pies cuadrados en Aurora, colocando a su empresa en una autopista para la expansión.

Ahora reflexiona: "Creo que en parte el éxito vino porque estaba en el lugar y el momento apropiado cuando esta oportunidad se presentó".

Pero dejó claro que hay otra parte en la historia: "He trabajado bien duro para llegar a donde estoy. No gasto por gastar a menos que tenga un beneficio. Por ejemplo, si gano 5 dólares gasto 1. No me he dado los lujos para representar lo que soy ahora porque nunca olvido de dónde vine".

No obstante ganar renombre y múltiples reconocimientos en todo el país, Cano asegura ser "el mismo hombre sencillo y humilde de siempre", que ayuda a su comunidad y cuida de sus trabajadores a quienes ofrece excelentes beneficios, incluido 401K, y les paga un oneroso seguro de vida.

Para este hombre de 57 años "lo más importante —afirma— es mantener saludable el negocio para que tanto los empleados como mi familia tengan un trabajo donde sostenerse, para seguir viviendo, por si algo me pasa".

Este padre de seis hijos alude frecuentemente con orgullo a su origen: "Soy de un rancho bien pobre, mi padre murió cuando tenía 3 años y medio. Sufrí bastante. Crecí con un tío para ir a la escuela y aprender el español. No pasé la primaria, no estuve en el colegio. Aprendí mucho de grande y eso me ayudó a ser lo que soy. Nunca me avergonzaré de venir de donde vengo. Al contrario, siento orgullo de haber nacido en Estapilla".

2
Adela Cepeda:
The One Billion Dollar Woman

Es una mujer de finanzas; de lo que se llama finanzas de altura, una mujer que vuela por los cielos de Wall Street y las Bolsas de Valores.

Por la mente de Adela Cepeda suelen moverse cifras gigantescas; y se mueven muy rápido al ritmo de su mente. Son transacciones que van desde los 100 millones hasta los más de mil millones de dólares, un ejercicio que, con el tiempo, ha llegado a ser natural para esta economista, colombiana de origen, graduada en Harvard.

"Llega el momento que las sumas son tan grandes... que casi tienes que recortarles los ceros para poner los números en orden", sonríe como si hablara de manzanas.

La propietaria de *A.C. Advisory, Inc*, una compañía que ella fundó en 1995 y que ha colocado en el "top ten" de firmas de consultoría financieras de Estados Unidos, ha sumado tantos, pero tantos números, que en el verano del 2012 llegó a los 100 mil millones en transacciones.

Para decirlo en un idioma más familiar en materia de finanzas: *one hundred billion dollars*.

La suma es lo de menos

Cepeda, sin embargo, no trata de enfocarse en una suma "por muy alta que sea", y prefiere resaltar "el impacto positivo" que sus acciones en el mundo financiero tienen para las comunidades.

"Lo más importante es que estoy afectando de una forma positiva al individuo. Normalmente las transacciones que realizo se usan para mejorar calles, construir puentes, aeropuertos, sistemas de acueductos, remodelaciones de escuelas y programas en los que participan muchas compañías". Lo dice así nomás, como algo natural en ella.

Graduada en altas finanzas con un MBA de la Universidad de Chicago, la exitosa empresaria es una experta en analizar la estructura en la venta de bonos. Es una función que comenzó a practicar hace 32 años, cuando la entonces recién egresada de Harvard trabajó para *Smith Barney*, una de las firmas financieras más grandes del país.

Allí llegó a ser ejecutiva del departamento de finanzas corporativas, encargada de la fusión y ventas de empresas y del manejo de las acciones, y la venta de bonos.

Con todo ese bagaje, decidió abrir en 1995 su propia compañía, *A.C. Advisory*, por las letras iniciales de su nombre Adela Cepeda; y lo hizo con el pie derecho.

"La alcaldía de Chicago y el Condado de Cook fueron mis dos primeros clientes. El alcalde (Richard M. Daley) nos pidió que le ayudáramos en el giro de bonos de la ciudad y así fuimos ganando experiencia en el negocio". Fue el primer par de estrellas que comenzaron a formar su constelación multimillonaria.

De modo que, desde muy joven, Cepeda se sumergió en el océano de la consejería financiera, trabajando en Wall Street hasta 13 horas al día, siete días a la semana y hasta seis semanas sin parar.

Gracias a la pasión y la energía que imprimió le llegaron clientes de pesos completos: la ciudad de Nueva York y los estados de NY, Connecticut e Illinois: "Es lo único que sé hacer, es mi mundo profesional". Lo dice con franca modestia.

Casi todo el tiempo en la Bolsa de Valores, Cepeda ayuda a los clientes a establecer "la estructura más atractiva y más económica". Ella es quien recomienda si los bonos se venden en 10 o 20 años, cuál debe ser el interés, a quiénes se les debe vender, e incluso cómo debe ser el mercadeo para que sea bien recibido en la bolsa.

Y con frecuencia ella pasa la frontera de la consejería para convertirse en la mano derecha de su cliente, en su afán de vender las acciones, e implementarlas.

La empresaria lamenta que sean pocos los latinos en este negocio y en finanzas: "Quizás las matemáticas sean un poco intimidantes. Para mí no. Yo me siento cómoda diciéndole al cliente; con este giro de 470 millones te puedes ahorrar 12 millones, me siento bien en cuantificar los efectos de lo que las sugerencias mías puedan traer a un proyecto". Los millones no la intimidan.

Su éxito en una empresa de consultoría de alto nivel, que genera entre un millón y dos millones y medio en ventas anuales, se lo debe también al resto de su equipo: profesionales muy capacitados, que traen ideas, con gran habilidad para analizar en serio las ocurrencias de desvelo que traen otros.

Entender el capitalismo

"Tenemos que entender mejor el sistema capitalista. Al emigrar aquí somos parte de él. Entonces es esencial entender números, qué se está sumando y qué se está restando". Adela emigró con sus padres de Colombia a la edad de 6 años y solía llorar porque entonces no sabía suficiente inglés para hacer la tarea.

Su reconocida experiencia la ha colocado en la Mesa Directiva de varios fondos mutuos, como los *Mutual Fund de UBS, Morgan Stanley* y *Mercer*. Ella considera que está completando todas las fases de su carrera, no solo como empresaria, sino como directora de negocios muy grandes.

No obstante su éxito, Adela Cepeda asegura que el orgullo más grande son sus tres hijas: Alexis, quien también se gradúo en Harvard y hace altas finanzas en una empresa en Nueva York; Alicia, quien fue gerente de proyectos de la campaña digital del presidente Barack Obama, y la menor, Laura, que estudia en la Universidad de Duke.

Las tres hijas están a su lado para recordarle que detrás del éxito está la misma mujer que quedó sola al cuidado de ellas al morir su esposo de una enfermedad. La menor, Laura, apenas tenía 4 años.

"Entonces me dije, yo no puedo fallarles. Y me enfoqué en sostenerlas en todo sentido, tal como hicieron mis padres por mí". Adela lo dice con sencillez, y sonríe.

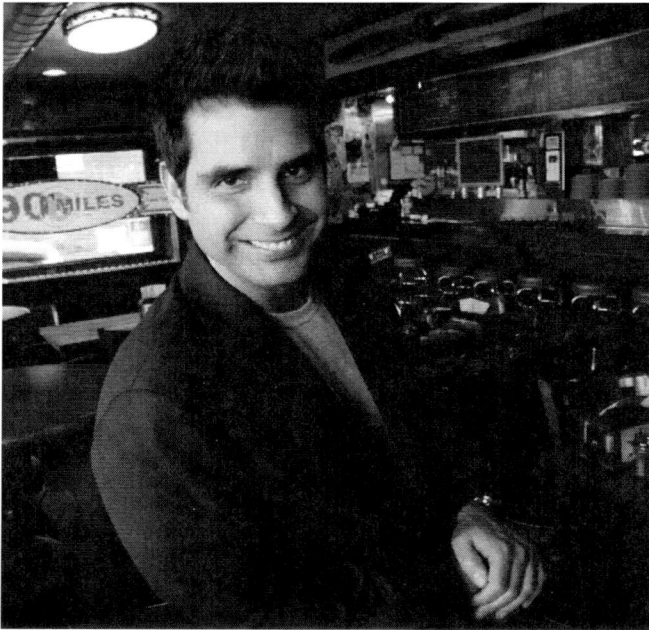

3
Alberto González:
Universidad de la vida y vista de 90 millas

Alberto González suele comparar el destino de los negocios con un juego de ajedrez y para demostrarlo pone a su propia vida en el tablero.

Con 12 años de edad, poco después de llegar de Cuba por mar, vendió pescado y langosta en semáforos de Miami, de joven trabajó en Wall Street, luego consiguió empleo en un dealer de auto en Chicago y progresó hasta convertirse en gerente general de una concesionaria.

Allí mismo fue contratado como vendedor de equipos industriales para América Latina y antes de fundar su primer restaurante 90 Miles Cuban Café y ser entrevistado por la cadena de TV

CNN para contar su éxito al frente de un restaurante de comida cubana, incursionó con suerte en el mercado hipotecario.

Su afirmación tiene aliento de sabiduría: "Antes de lanzarse a algo (un negocio) hay que estudiar bien el campo y tomar decisiones como si fuera un juego de ajedrez. Todos los movimientos tienen consecuencias. Si puedes hacer varias jugadas para anticipar el problema, eso estaría bien".

El primero de los dos restaurantes que abrió, en el 3101 North Clybourn Ave., lo hizo tras viajar a Europa con su esposa Cristina, una cubano—mexicana que conoció en Miami en el 1991 y lo trajo a su ciudad natal, Chicago.

Volar 90 millas en un bocado

Su memoria vuela hacia Europa: "En España entramos a un restaurante pequeño y nos sentíamos como en casa. Allá mismo surgió el sueño de 90 miles". La metáfora recuerda la distancia entre su Cuba natal y Key West, en Florida.

De regreso a la Ciudad de los Vientos, González y Cristina iniciaron el juego de ajedrez a dos manos. Comenzó a navegar, pero no en las aguas del Estrecho de la Florida, sino en la Internet.

Y recuerda la sencillez como concepto: "Revisé lo que ofrecían otros restaurantes cubanos en todo los Estados Unidos. El propósito era crear algo simple, accesible en el costo y un concepto de servicio rápido y económico".

La irrupción en el 2008 del mini restaurante de Clybourn llamó de inmediato la atención de la *CNN* que en un reportaje ilustró a 90 Miles como un ejemplo de negocio latino de éxito en medio de la aguda recesión.

Recuerda: "El primer día hubo tanta cola que no me alcanzó la comida para ofrecerles a los amigos que invité".

Algunos meses después, el *Chicago Tribune* lo mencionó como los Top Ten restaurantes BYOB de la ciudad (Trae tu propia botella).

Aprovechando esta y otra publicidad, González no vaciló en hacer una rápida movida en el tablero empresarial y abrió un segundo restaurante en el 2540 W. de Armitage Avenue que, como el anterior, lo decora con la nostalgia que siente por la Isla que lo vio nacer.

Las paredes están decoradas con fotos y artículos de la Cuba de los años 50 y objetos dignos para piezas de museos, pero que dibujan la mente del propietario: "El piso me recuerda cuando yo entraba en una bodega en La Habana, el viejo quinqué o farol; la máquina de coser Singer, a mi abuela y los remos en la pared, la travesía por mar".

Allí, al son de la música cubana, González descarga detalles de su azarosa vida. Al llegar de Cuba se puso a vender pescado en esquinas de Miami para ayudar a su padre y trabajó en Wall Street para una empresa financiera que le encargó la contratación.

La fuerza del instinto

Y recuerda como un punto clave en la formación como empresario la ocasión en que fungía como vendedor de autos y un cliente vio su habilidad para la venta, y le propuso un puesto de vendedor internacional para América Latina.

Tras un tiempo de viajar de un país a otro, González vio la oportunidad en la venta de viviendas y en el 2001 abrió Smart Morgatge, una empresa que instaló en un mercado latino y que la diseñó de forma tal —dijo— que la gente la confundía con un banco.

"El negocio prosperó rápido, e incluso, llegué a construir varias casas como Desarrollador Inmobiliario. Gané más de $200,000 en un año".

Cuando la compañía fue vapuleada por la crisis hipotecaria, González ya había logrado los recursos suficientes para embarcarse en otro negocio.

Ahora sueña con convertir 90 Miles en una cadena por todos Estados Unidos y para eso solo cuenta con todas las energías de su juventud y todo lo aprendido en la "universidad de la vida".

4
Arturo Velásquez:
"Da hasta lo que no tienes"
(Homenaje póstumo)

Si alguien quiere escribir una historia de sacrificio, éxito y generosidad de un inmigrante puede hojear la vida de Arturo Velásquez Flores.

Fue el niño que emigró de México con su familia a la edad de 8 años y se enfrentó a una vida de penurias e incertidumbre junto a su madre. Fue el joven que a golpe de osadía e inteligencia derribó los muros que le impuso el destino.

Superado lo anterior fue también el empresario con agudo olfato para los negocios y el padre de familia que nunca fue a la secundaria, pero eso no fue obstáculo para darles a sus cuatro hijos la oportunidad de obtener un título universitario.

En Arturo se resumen muchas personas a la vez: el hombre visionario, el activista comunitario, el consejero de alcaldes, el miembro del board de universidades, un paladín de la educación y el emprendedor exitoso que creó negocios pensando en su comunidad.

Quien falleció de muerte natural en Palos Hills a los 93 años el 17 de abril del 2009 era, en muchas facetas, un hombre común: un devoto fiel apegado a su iglesia, un fanático de los White Sox; el esposo feliz de tener por compañera a Shirley, con quien estuvo casado 72 años, y el abuelo orgulloso de 11 nietos y 19 biznietos.

Pero cuando se trataba de su filantropía, de ayudar a una comunidad que veía como su familia extendida, Arturo Velásquez marcó una grata diferencia.

"Da hasta lo que no tienes", le oía decir su hija Carmen Velásquez, fundadora del Centro Médico Alivio, una clínica que provee cada año asistencia médica de mínimo costo a miles de familias de bajo ingreso de Pilsen, La Villita y del Barrio de Las Empacadoras, así como de otras áreas de la ciudad.

Filántropo natural

Su proverbial generosidad fue moldeada por su humilde ascendencia y los golpes de la vida, empezando por la Gran Depresión.

La crisis más profunda que ha vivido Estados Unidos atrapó a esta familia cuando vivía en Gary, Indiana. Soledad "Shirley" Lozano, la madre de Arturo, decide entonces regresar con su hijo a México, pero el viejo Ford en que viajaban se volcó llegando a Albuquerque, Nuevo México.

Sin un centavo en la bolsa, su madre comenzó a trabajar en diferentes granjas de cultivos varios. Trabajó en Dakota, Minnesota, Iowa y Chicago, donde, ya jovencito, Arturo vislumbró un océano de oportunidades.

Lo primero que hizo fue fundar *Velásquez Automatic Music Co.*, con la que comenzó a instalar *rockolas* por diversos puntos de la ciudad hacia 1936, el mismo año en que se casó. Siete décadas después la gente sigue alegrando su vida con el negocio fundado por Arturo, manejados hoy por sus hijos Eduardo y María Elena.

Su habilidad para los negocios quedó demostrada también en 1970, cuando ayudó a su hijo Arthur Velásquez a fundar *Azteca Foods Inc*, una sólida empresa que suministra tortillas y otros productos alimenticios a miles de mercados y restaurantes.

Arthur no lo olvida: "Me dijo que quería hacer un negocio que fuera útil para la comunidad. Fue entonces que propuso hacer una fábrica de tortillas".

Y entre música y tortillas iba creciendo la prosperidad de un hombre que, lejos de esconderse en la vanidad, se convirtió en un activista comunitario, un líder que puso todas sus energías para mejorar la vida de su gente y de la ciudad.

No es de extrañar entonces que haya sido una figura clave en el establecimiento de la Cámara de Comercio México—Americana, el *Azteca Lions Club* o la Federación México Americana de Illinois, entre otros grupos cívicos.

Educar para vivir

Tan en serio se tomó el tema educativo que sirvió de consejero de los City Colleges de Chicago y de la Nacional Louis University.

Y fue más allá. Su imperecedera voluntad de apoyar a los demás la concretó en el *West Side Technical Institute*, ubicado en la Villita, donde la población de bajos recursos se beneficia con programas de educación técnica.

En su homenaje el Instituto tomó el nombre de alguien que seguirá ayudando a muchas personas necesitadas, aun después de muerta.

Ahí están en pie, para orgullo de quienes admiraron su generosidad, la Fundación para Becas de los City Colleges de Chicago y la causa humanitaria del *Centro Médico Alivio*.

Por intermedio de aquella Fundación, los latinos que quieran seguir estudios superiores reciben recursos para asistir a universidades e institutos.

Su hija Carmen Velásquez, activista y directora ejecutiva del Centro Médico Alivio, define su proyecto personal en el que su padre tuvo mucho que ver:

"Mi papá fue un ser humano con mucho amor por su pueblo y al que nunca escuché decir no [...] Gracias a su ejemplo Alivio provee servicios bajo el concepto de que la salud es para todos. A quienes tengan o no papeles. Él entendió muy bien la política y la falta de política que tenía el público para nosotros como latinos".

5

Carmen Maldonado:
Una criolla con sazón

Esta es la historia de una mujer a quien un golpe en la vida la puso, súbitamente, al timón de una empresa.

La Criolla, como se denomina su compañía, fue fundada en 1957 en Chicago por su esposo, Avelino Maldonado, quien inició su aventura empresarial vendiendo algunas especias que trasladaba en el maletero de su auto.

El recuerdo de aquel hombre, con quien fundó su futuro, la acompaña siempre: "Él compraba ajo, lo colocaba en un frasco, le ponía una etiqueta y se los vendía a mercaditos independientes. Para 1972 la compañía estaba bien encaminada".

Contagiada por el espíritu emprendedor y visionario de su pareja, Carmen deja atrás su carrera de enfermería, estudia Negocios en la Universidad de Loyola y se convierte en la secretaria de su esposo.

Crecer ante la adversidad

Pero ocurrió un hecho inesperado. Avelino fallece en un accidente automovilístico en 1992 y esta madre de tres hijos, un menor y dos adolescentes, se hizo cargo de *La Criolla*.

Lo recuerda con orgullo: "Poco después de la tragedia, vinieron muchos a proponerme una sociedad o comprar el negocio. Yo les decía que iba a enfrentar el desafío".

Con la ayuda de su equipo Carmen entró de lleno en la vida empresarial empujada por la necesidad de mantener a su familia y la pasión emprendedora de su esposo.

Para lidiar con el conflicto de ser madre y empresaria, la boricua modernizó las operaciones con tecnología, cambió etiquetas a los productos e inició una agresiva estrategia de ventas, en un terreno dominado por hombres.

Y *La Criolla* empezó a crecer con números saludables, gracias también a un incremento en la oferta; y de clientes como *Walmart* y *Jewel–Osco*, así como mercados independientes como *Central Grocers* y *Tony's y Cermak*, entre otros.

La empresaria también atribuye el éxito de la compañía a la calidad de sus productos que, según afirma, son ciento por ciento naturales, sumado al envase de cristal que impide su descomposición.

Los sabores del mundo

La Criolla importa de Latinoamérica o de España especias y hierbas para cocinar, aceitunas y aceite de olivo. También vende frutas y otros alimentos en conserva, además de pastas, harina, miel de abeja y una variedad de frijoles. En total son más de 150 productos.

Guiada por el sentido visionario de Avelino, quien registró el nombre de la empresa desde que distribuía las especias en el maletero de su auto, Carmen asegura que en los negocios siempre hay que pensar en el siguiente paso y también le pone sazón a la Internet para aumentar sus ventas.

Su idea de servicio y eficacia es sencilla: "La idea es darle acceso a gente que habitualmente compraba mi producto y que se han mudado a otros lugares del país. Muchos me llaman y se los mando por correo".

Carmen, quien realiza una labor filantrópica ayudando a niños huérfanos en Casa Norte, sueña con convertir a *La Criolla* en una empresa nacional y, enfocada en ese objetivo, sigue echado a la olla mucho sacrificio como condimento.

6
Elda de la Rosa:
Una hispana de alta costura

Ha diseñado para famosos como Michael Jordan, el beisbolista Frank Thomas, la conductora de *NBC5* Zoraida Zombolin, los dueños de *Wringley Field* y celebridades que no puede mencionar por razones de privacidad.

Tanto ha tejido Elda de la Rosa su delirio por la industria de la moda, que su colección atrajo la mirada de la Academia de Artes y Ciencias Cinematográficas, que la invitaron a participar en el *Oscar Design Challenge 2010*, el prestigioso concurso internacional de moda para este evento y quedó entre las nueve finalistas.

En realidad, el hechizo por la buena costura la atrapó desde muy pequeña, en su natal Coahuila, cuando una abuela y su tía se ganaban la vida con un oficio que aprendieron de forma empírica.

Elda disfrutaba toda la operación. Cuando los clientes llegaban a casa con unos metros de telas y una idea de lo que querían, cuando le tomaban la talla, el proceso de confección, los ajustes y, finalmente… ¡ya quedó el vestido!

La niña de entonces emigró con sus padres a Chicago con tres años de edad arropada de la bella tradición familiar y el sueño de seguir la ruta de su tía o abuela, pero la vida rebasó todas sus expectativas y hoy es Elda de La Rosa, una de las diseñadoras de moda de más renombre de la ciudad.

Tejiendo su destino

Asentada en Rockford, ya adolescente, consiguió trabajo con una mujer que confeccionaba y vendía vestidos de novia en una boutique. Mientras demostraba sus habilidades excepcionales para el diseño, la joven matriculó en el Instituto de Artes de Illinois con la mente puesta en tener su propio negocio.

Mientras tomaba la decisión, fungía como diseñadora independiente. Por el día estudiaba y por la noche hacía vestidos de novia o cualquier trabajo que le cayera.

Y se acostumbró a trabajar para famoso: "En una ocasión diseñé una camiseta deportiva para Michael Jordan y otra para Frank Thomas. En ambos casos, fueron utilizadas en anuncios de TV. Eran trabajos detrás de escena, pero emocionantes. Una camiseta firmada por Thomas se la regalé a mi padre".

En el 2001 Elda sintió que estaba lista para abrir su propio negocio. Nació entonces *Elda de la Rosa Couture*, al norte de Clark St. Todo lo hacía ella. Buscaba clientes, diseñaba las piezas, las cosía, hacía marketing y relaciones públicas, atendía las llamadas, limpiaba la oficina. Todo.

Aprendió del negocio entre hilos y agujas: "Lo abrí sin saber qué era manejar un negocio. Solo impulsada por la pasión. Cosía vestidos de novia y vi que se vendían. Eso fue lo que me dio fuerza. Nunca olvidaré la primera vez que vendí un vestido en $2.500. Fue un regalo de un papá a su hija".

Su talento se encargó de despejar el camino al éxito. Los diseños de sus vestidos de seda, "de las mejores cedas" —afirma— comenzaron a ser usados por celebridades y, por supuesto, a desfilar en los salones de la moda, entre el lujo y el glamur.

La vida en rosa

Elda de la Rosa Couture creció y la empresaria se mudó el negocio para 5555 N. Sheridan Rd, para el edificio Pink Palace, donde trabaja con un equipo de dos costureras, una publicista y otra persona que maneja su oficina.

En su boutique—taller—oficina del "Edificio Rosado" están sus peculiares vestidos cuyos diseños son inspirados en la belleza y la fuerza de la mujer latina, o en personas que han sido una fuente de inspiración. Sus piezas se llaman "Esperanza", "Rosario", "Altagracia", "Lucero" (el escogido para el concurso del Oscar) o "Erlinda", el nombre de su fallecida tía.

Hoy no puede hablarse de diseñadores de moda en Chicago, sin mencionar su nombre. Es Elda la consejera del Instituto de Artes de Illinois y del departamento de Moda de *Harper*, la miembro del Consejo Directivo del *Apparel Industry Board, Inc.* Y más.

Altagracia, como denominó su colección de Spring 2010, formó parte de la *Noicha Fashion Week*, de Nueva York, y del *World Fashion Chicago*.

La empresaria mira hacia adelante, a pesar de los tijerazos de la mala economía que ha roto la esperanza a muchos de sus colegas y de los estereotipos prevalecientes que no conciben a una mujer latina, de mediana estatura y piel morena en la vitrina de la moda.

Su modestia de modista hace sonreír: "A veces llegan personas y me piden hablar con la dueña, dice sonriendo. Y yo le respondo: ¿En qué puedo ayudarlo?"

7
Héctor Pablo Oliva:
El inventor de la Nopalina

E s médico de profesión, lo ejerció intensamente en su natal Argentina, e incluso se hizo especialista en diagnósticos de imágenes, pero la verdadera pasión de Héctor Pablo Oliva siempre fue ser empresario.

Por años tuvo que bregar con dos Olivas en su interior: el doctor que llegó a comprar sus propios equipos médicos y el hombre de negocio. Al final venció este último.

Y como premio a su obsesión, Oliva creó la *nopalina*, un revolucionario suplemento dietético que ayuda a bajar de peso, con el colesterol y la diabetes, y que vende por cientos de miles en todo Estados Unidos y más allá de sus fronteras.

Pero "el trasplante" de un médico radiólogo a un dueño de una empresa que hoy factura millones, no fue una cirugía sencilla.

Asentado en Chicago en los años 80, Oliva presentó dificultades para revalidar su título y ejercer como médico en un hecho que agradece "a Dios" porque tras ese fallido intento buscó otros caminos de su vida.

En Argentina había pasado un curso de acupuntura. Esta modalidad de la medicina tradicional china, lo condujo a estudiar las hierbas medicinales de las cuales produjo suplementos alimentarios que empezó a vender, junto con sus hijos, en los mercados libres de Chicago o Free Market.

La invención de la *nopalina*

Fue entonces que 1992, el médico general, el acupunturista y el conocedor de hierbas medicinales se fundieron para crear la benéfica *nopalina*.

Y su observación de la experiencia dio frutos: "Buscando productos, nos dimos cuenta que la gente tomaba *Frax Seed*, linaza pura, que ayuda en la digestión y la pérdida de peso. Esto no era suficiente. Se necesitaba una fórmula que fuera rica en fibras. La gente come muchas harinas blancas, mucha carne y padece de estreñimiento que, a su vez, trae problemas de obesidad por la acumulación de grasa y de toxinas, acides estomacal, soriasis. Se necesitaba algo que ayudara de manera natural a eliminar bien todos los desechos".

Así que trajo linaza de las tierras frías de Canadá donde este producto tiene un alto porcentaje de Omega 3, 6 y 9, ácidos grasos que ayudan a reducir los índices de colesterol. Le agregó nopal mexicano (de ahí su nombre), muy rico en fibras, así como salvado de trigo, de avena y cilio.

En consulta constante con químicos y farmacéuticos, Oliva le añadió a su fórmula Psyllium, fibra conocida como la escoba de los intestinos, y manzana, naranja, toronja y piña, frutas con un alto contenido de fibras solubles e insolubles.

En realidad, el producto comenzó a venderse para bajar de peso. Y Oliva estaba feliz de ver que a los 15 días ó 20 días de tomar *nopalina*, la gente bajaba tranquilamente —dijo— entre 15 y 20 libras.

Pero luego vino la sorpresa: "Unos me decían que les hizo bien, pero para su diabetes. Otro habla de que le regularizó el nivel de azúcar, y otro, el colesterol", afirmó. De la propia gente conoció su efectividad para ayudar al hígado en el proceso de digestión, a combatir los ácidos estomacales y aumentar la energía corporal.

La explicación del Oliva médico está en que cuando este suplemento alimentario actúa sobre el metabolismo, elimina grasa y, por ende, los niveles de azúcar y mejora la circulación de la sangre, reduciendo también los niveles de colesterol, ayuda al hígado en el proceso de digestión, a combatir los ácidos estomacales y, efectivamente, aumenta la energía corporal.

El empresario en acción

La *nopalina* también puso a prueba la fibra de empresario del especialista argentino que contó con la ayuda de sus hijos Sergio, Verónica y David para colocar la empresa a niveles internacionales.

De producirla en maquinitas rudimentarias y llenar ellos mismos los frascos, los Oliva lograron que Salud Natural Entrepreneurs, Inc., como se denomina la empresa familiar, comenzara a crecer al punto que hoy dispone de una fábrica en Zion, Illinois, con 18 trabajadores que ha llegado a producir 300,000 unidades diarias.

De Chicago saltó a Nueva York, luego a Florida. En el 2004, comenzó a exportar a España, Puerto Rico y República Dominicana. Después de una baja en las ventas por la crisis, la *nopalina* comenzó a venderse en farmacias *Walgreens, SAM'S* y *Walmart* de todo el país en forma de cápsula y en polvo, e incluso ya desembarcó en su natal Argentina.

En este espectacular salto a la vida empresarial, Oliva asegura que ha tenido en los libros a un gran aliado, como "Mi primer millón", de los autores Charles Albert Poissant—Christian Godefroy, que narra la historia de 10 de los hombres más ricos del mundo.

"Hay que escuchar antes de hablar y hablar. Escuchar a mucha gente. Siempre hay que tener grandes sueños y creer en uno. Yo veo a mucha gente que no cree, lamentablemente. Gente que no tienen un sueño grande, no se atreven a creer en grande."

Para este hombre en sus 50, todo el progreso está basado en dos cosas. "Una, que mientras tengamos vida, todo es posible. Hay que tener grandes desafíos. China para nosotros es un inmenso desafío y más que China, toda Asia que es un gigante terrible. Yo siempre me he puesto objetivos bien grande".

8
Pedro Vignettes:
El golpe de timón de *Juárez Driving*

Cuando Pedro Vignettes habla de su negocio *Juárez Driving School,* da la impresión que ha pasado toda su vida sobre el volante de un tráiler.

Pero más de 30 años enseñando a manejar "elefantes con ruedas" en barrios de la ciudad y autopistas, parecen más que suficiente para que este mexicano septuagenario hable con la autoridad de un consagrado.

Mujeres jóvenes, hombres de todas las edades o inmigrantes recién llegados agradecen hoy a su empresa ubicada en Pilsen que puedan tener una vida económica sin sobresaltos y alivio de salir adelante con su familia.

Ofrecer confianza es la clave: "Nuestro pilar para tener éxito es darle confianza a nuestros alumnos. Que conozcan las particularidades de un negocio con el que pueden hacer bastante dinero".

En realidad, la idea de abrir una empresa vino de la boricua Gladys Pérez, la esposa de Vignettes, cuyo padre tenía una escuela de manejo en Puerto Rico.

Sin embargo, cuando la pareja abrió *México Juárez Driving*, en 1969, lo hizo solo para entrenar a hispanos que querían aprender a conducir automóviles en una época en que los latinos no eran muy proclives a comprar vehículos.

 "Muchos mexicanos venían a trabajar por un tiempo, reunir algún dinero y regresarse luego a México. Había trabajo en el barrio (de Pilsen), y para ellos no tenía sentido comprar un automóvil si luego lo tenían que dejar".

Un giro inesperado

Pero en 1992, cuando el estado de Illinois estableció medidas más estrictas para conducir tráilers, Vignettes dio un golpe de timón y abrió una escuela exclusivamente para el entrenamiento en el manejo de camiones grandes y pequeños.

Luego de aprender con un pariente con larga experiencia en el manejo de estos equipos, Vignettes hizo de Juárez Driving, como se conoce, la escuela de manejo de tráiler pionera en impartir clases en inglés y español para enseñar a conducir en el área de Pilsen y sus alrededores.

De un camión rentado y que terminó comprando, la compañía dispone de una decena de equipos e instructores para atender a los alumnos que acuden cada año al curso, la mayoría mexicanos.

Cuatro lustros después de dar un giro al éxito, el empresario augura una larga vida a su compañía, debido a la creciente demanda del mercado.

"Es un buen momento para la empresa. En México, por ejemplo, hay más choferes que camiones. Aquí en Estados Unidos, es al revés. Un ejemplo de ello, es que representantes de corporaciones nos llaman o vienen a nuestra empresa para reclutar choferes".

Para Vignettes vivir en el Medio Oeste es ventajoso para *Juárez Driving.* La demanda aquí es mayor que en otras regiones del país donde no se enfrenta un duro invierno ni tienen que pagar tantas casetas de peaje.

Hay otra razón que para este oriundo de la Ciudad de México es de vital importancia para su pequeña compañía: muchos choferes de *trailers* han envejecido o están a punto de retirarse después de ganarse la vida en la carretera.

Pero, en realidad, ¿este oficio da para vivir? Vignettes responde con toda seguridad a la interrogante. "En lo absoluto. Les digo a mis alumnos que no trabajen por menos de $1000 a la semana o $4000 al mes".

9
José Jiménez:
"Sólo tenía $200 cuando compré la primera tienda"

José Jiménez es de esas personas a quien el conejo de las oportunidades no le puede saltar impunemente delante de los ojos. La forma en que el dueño de *Carnicerías Jiménez* inició su hoy respetado patrimonio familiar, así lo atestigua.

Era 1975. Un italiano vendía en Chicago una tiendita en $3,000. Jiménez tenía solo $200, lo suficiente para hacer un depósito en el banco, y la compró. Todavía conserva el recibo de $2,800 como una reliquia.

Un año después vendió el negocio en $45,000, una suma que le permitió adquirir un préstamo para comprar de golpe un mercado y el edificio donde se encontraba, y fundar *Carnicería Jiménez.*

Desde entonces el crecimiento fue en espiral, algo no común en una empresa hispana de la época, granjeándose la admiración de la comunidad hispana de Chicago e incluso nacional.

Jiménez asegura que el éxito de su negocio, con cuatro décadas de existencia, se debe también a la gente que le rodea, incluidos los empleados, y el entorno familiar.

"Somos una familia muy unida, que trabaja duro, incluida por la parte de mi señora, Guadalupe", señaló.

Y pensar que cuando empezó su vida empresarial, sus aspiraciones solo eran "hacer un poco de dinero para mandarle a mi mamá en Jalisco", recordó.

Quizás de su madre, una mujer humilde y arraigada en su fe católica, fue de donde Jiménez heredó el atributo de dar sin mirar a quien, sólo por ayudar al prójimo y por el cual ha tenido su recompensa.

El negrito más bonito y bueno

De hecho, al salir de su natal Jalisco, en 1969, en busca de una vida más próspera en los Estados Unidos, se despidió de su madre con la promesa de "no cambiar" y de tener siempre "mucha fe en Dios".

De profunda fe católica, Jiménez es un devoto de San Martín de Porres, el santo peruano que tenía una preocupación notable por los pobres, y de quien se cuenta que las personas desamparadas acudían a él para que les diera de comer o los curase.

Se afirma que Martín de Porres también cuidaba de los animales y que, de todas sus virtudes, sobresalía su humildad y que se distinguió por ser alguien que siempre priorizó las necesidades de los demás, por encima de las propias. Martín es uno de los santos negros canonizado en América Latina.

Jiménez admira la historia de Martín a quien llama con cariño "el negrito más bonito y bueno del mundo que he conocido".

Y su arraigada fe y espíritu emprendedor ha sido un poderoso motor de *Carnicerías Jiménez*, y explica el gran corazón caritativo de su propietario, quien no vaciló un segundo para mandar ayuda a las víctimas del devastador terremoto de Haití, de las inundaciones en Guatemala o de un sismo en su país, México, e incluso en su propio negocio, donde suele contratar a personas minusválidas.

No en balde el jalisciense ha sido de los pocos latinos honrados con el "Jefferson Award", un premio que recibió en el Capitolio de Washington DC, y que se concede a personas por su ayuda desinteresada a la comunidad y por su servicio público.

Promesa cumplida

La palabra se cumple, pero una palabra ante una madre es sagrada: "He cumplido con la promesa que hice a mi madre. Yo le dije que no iba a cambiar y que siempre tendría mucha fe en Dios, que es lo que alimenta a uno…especialmente en tiempos difíciles".

Porque como todo empresario, el camino el éxito de Jiménez también ha estado repleto de obstáculos que ha podido sobrevolar con pragmatismo y su astucia natural para los negocios, como lo demostró con la apertura en el 2011 de una tienda en Addison, al oeste de Chicago.

Un año antes, el empresario se vio obligado a cerrar uno de sus supermercados en Bensenville, debido a los trabajos de expansión del aeropuerto O´Hare. Lo primero que hizo, lógicamente, fue lamentarlo, y lo segundo, buscar de inmediato un sitio para abrir otro y no perder a sus fieles clientes.

La experiencia no pasó de largo ante sus ojos: "Me di cuenta que muchos de mis clientes venían de Addison (a dos millas y media de Bensenville) y rápido decidimos abrir uno allá".

Sin embargo, ¿qué pasaría con sus clientes de mucha lealtad que deja atrás en Bensenville y que comúnmente no van a Addison... a la competencia? Los clientes también son sagrados. El empresario abrió entonces en Bensenville *Jiménez Express and Barkery*, un mercado más pequeño que los demás, pero con lo suficiente para curar la nostalgia.

¿Hasta dónde va a llegar la expansión? ¿Cuántas carnicerías Jiménez más veremos en Chicago?

"Mis hijos me están recomendando detenernos aquí (en *Jiménez Express*) y cuando la economía se componga un poco, seguir pa'arriba", dijo para luego advertir al "conejo de la oportunidad" que "no puede estar saltando impunemente" delante de sus ojos.

"Ahorita hay muchas oportunidades (para hacer negocios), si vemos una no la vamos a dejar ir", dijo en entrevista realizada en el 2011.

10
Julian Crews:
¡Arroz con frijoles negros!

La idea de crear un negocio propio puede llegarle a uno de la persona que menos imagina, incluso de un familiar que vivió hace más de un siglo.

Julian Crews nunca conoció a su bisabuelo Julio Eduardo quien vivió en Cuba, pero desde que era muy pequeño el nombre sonó con gusto, especialmente cuando la familia se sentaba a la mesa a comer los frijoles negros con la receta del difunto.

Se trata de un plato rodeado de historia que se remonta a finales del Siglo XIX, cuando su bisabuelo ya deleitaba a la familia de entonces con "frijoles cubanos", sazonados con productos naturales de la Isla y cocinados a fuego lento.

La receta fue pasando de generación a generación en la familia Crews, incluyendo el padre de Julian, quien al emigrar a Estados Unidos en 1960 con su esposa cubana, trajo en su memoria la fórmula culinaria.

"No sólo crecí viendo cómo toda la familia lo disfrutaba, sino también la reacción de los invitados a casa, especialmente estadounidenses nativos", recuerda Crew.

Empujado por el orgullo familiar y su espíritu emprendedor, el reportero de WGN—9, canal de TV del *Chicago Tribune*, comenzó a meterle cabeza a la idea de industrializar los frijoles de Julio y venderlos al por mayor a través de una página de Internet.

Frijoles para todos

Pero sabía que antes de lanzarse a la aventura empresarial debía primero investigar con rigor acerca del mercado, hábitos de consumo, así como el manejo de una compañía de comida. Se metió de a lleno en el tema.

Y en su pesquisa se encontró con varias sorpresas: "Hallé en un estudio del Departamento de Agricultura de los Estados Unidos que el 65 por ciento de los consumidores de frijoles, no son hispanos". La búsqueda también confirmó una hipótesis: el mercado de compra del grano crece por año.

Junto a la buena noticia, caminaban también tormentosos obstáculos para convertir la idea en realidad.

De pronto se vio envuelto en un papeleo de trámites, permisos y licencias requeridas para operar una empresa de comida, negociando con las compañías que pudieran cocinarle, enlatar o empacar productos, además del diseño de la etiqueta y el sitio electrónico.

Al final de su búsqueda de socios, descubrió que los milagros existen: "Fue difícil encontrar una compañía que pudiera cocinar la receta, enlatara pequeños volúmenes y pusiera la etiqueta. Milagrosamente, la encontré".

La receta mágica

Después de dos años de investigación e inversión, apareció *oldhavanafoods.com*, el sitio por donde expende sus frijoles negros, cuyo peculiar sabor proviene de una combinación de cebolla, una pequeña dosis de azúcar de caña, aceite de olivo, ajo fresco machucado, vermouth, pimienta y varias otras especias usadas en Cuba desde tiempos remotos.

Una vez comprado el producto, el cliente recibe vía correo una caja que contiene el paquete de arroz, los frijoles cocinados y el llamado sofrito cubano, en cuya etiqueta aparece la foto de Julio Eduardo.

Para reforzar su mensaje visual de autenticidad, Julian regala al cliente una postal de un paisaje urbanístico cubano de tiempos pasados.

Confiado en que busca colocarse en un nicho de mercado con un producto difícil de imitar, Julian sintió optimismo al iniciar las conversaciones con una famosa cadena de tiendas que quiso comprar su arroz con frijoles al por mayor.

Sin perder tiempo, el reportero—empresario amplió su oferta con productos que vienen con el sello de la buena comida cubana, como *Gluten Free sofrito*, un producto todo natural que se ha convertido en la estrella de *Old Havana Foods*.

Es hoy un hombre con tres vidas. El apasionado periodista, el empresario que busca levantar un sueño y el padre de familia que piensa seriamente en el futuro de sus hijos.

Una jornada cotidiana de Julian comienza en la madrugada en su hogar, fronterizo con Wisconsin, cuando se levanta para viajar al Centro de Chicago y correr desde el amanecer detrás de un incendio, un crimen o cualquier noticia en turno.

Luego, por la tarde, es el empresario que revisa pedidos, habla con los proveedores, o piensa en el próximo paso antes de reunirse nuevamente con su familia.

Las exigencias le crecen como pelotas de malabarista: "Es realmente agotador, muy difícil balancear todo a la vez. Tengo muy poco tiempo libre y a veces me siento como un malabarista con varias pelotas en el aire".

Pero todo ese desvelo tuvo para Julian su recompensa, al lograr que los productos de *Old Havana Foods* irrumpieran en mercados de los suburbios de Winnetka y Grayslike, así como en la ciudad de Chicago, mientras sigue adelante inspirado por amigos y miembros de su familia, incluyendo a su abuela, quien en Cuba soñó con vender los frijoles de su padre Julio Eduardo.

Y si bien sigue el guión de un cuidadoso plan de negocio, Julian cree que en camino al éxito también "hay un poquito de suerte... y estar un poquito loco", dice con una sonrisa contagiosa.

11
Julie Perdomo:
Al Salón de la Fama

Si usted de verdad quiere ser una empresaria, lo puede lograr, aunque el obstáculo sea tan gigantesco como carecer de "papeles".

Julie cortaba el pelo a una dama en un salón de belleza de Aurora cuando sintió un rayo de luz en su pecho: tener su propio negocio.

La actualmente dueña de Fama Hair Salon recuerda la experiencia de su epifanía: "Yo sentí que lo podía hacer sola".

En realidad, no era una simple corazonada, sino una pasión formada desde que era una quinceañera en su natal Puebla, México, donde a esa edad matriculó en una escuela de belleza.

A los 23 años se casó y emigró luego con su esposo a Estados Unidos con la idea de ganarse la vida a golpe de peines y tijeras.

E incluso, buscando la llave que le abriera las puertas de su sueño, llegó a pasar un curso en Illinois, lo aprobó, pero no le dieron el título por no tener un seguro social.

La oscuridad del amanecer

Hay recuerdos de adversidades y oscuridad en su recuento: "Aquello me deprimió tanto que regresé a Puebla. Allá abrí mi propio salón de belleza con una hermana".

Pero Julie no se dio por vencida. Quería triunfar como empresaria en Estados Unidos porque es aquí, dijo, donde existen las mayores oportunidades para tener éxito en un negocio.

Así que regresó a Aurora y empezó a trabajar en una peluquería de corte de pelo para caballeros hasta que ayudó a una amiga a abrir su salón para mujeres en el que invirtió unos $45,000. Allí, entre un corte y otro, siguió maquinando la idea de abrir su propio negocio, aún consciente de su estatus migratorio.

Un día, mientras asistía a un taller de asesoría para pequeños empresarios que iniciaban su negocio, escuchó que con un ITN (Número de Identificación de Impuestos), podía abrir su empresa.

Pero, cómo lo iba a hacer, si no había construido un crédito, sin seguro social y sin acceso a capital. Sin embargo, sabía que tenía tres cosas claves: el conocimiento del negocio, una abundante clientela y muchas ganas de triunfar.

Entonces se retó a sí misma: "Me dije, si otros lo han hecho ¿por qué yo no?". Así que dejó todo lo invertido a su socia, "no me quedé ni con un peine". Y comenzó a reunir capital entre amigos y familiares. *Acción Chicago*, una agencia no lucrativa que realiza préstamos a personas físicas, aunque solo tengan un ITN, también dio su aporte.

"Me atreví a aplicar para *Acción Chicago* y me prestaron $5,000. Me sentí contenta cuando supe que me habían aprobado", dijo esta madre de dos hijos.

Feliz de operar su propio negocio, con una fiel clientela y agradecida de muchos que le han ayudado, la dueña de *Fama Hair Salón* vive convencida de que no pocos inmigrantes indocumentados también pueden labrar su propio camino del éxito.

Su vida le ha mostrado que la divisa deportiva de los pequeños es posible: "Mi experiencia es que 'sí se puede', quien quiera ser empresario, tenga papeles o no, lo puede ser. Sólo hay que trabajar duro. Yo lo mismo atiendo un cliente a las 5:00 a.m. que a las 10:00 p.m.. Este es el futuro de mis niños".

12
Luis y Laura Cid-Perea: Cuando un "banco" se llama *Bombón*

El primer *Bombón* abrió días después de los ataques terroristas del 11 de septiembre del 2001. Fue en el 1508 de la calle 18, en la barriada de Pilsen.

Pese a la incertidumbre de entonces, Laura y Luis no abandonaron el barco. El negocio tocó sabroso el paladar de los vecinos, y fue creciendo. Así que cuatro años después abrieron otro establecimiento en La Villita, y uno más en Ogden y Ashland al que bautizaron como Bombón Café.

Ya iban tres. Querían seguir. Sin embargo, un incidente puso un freno, por el momento, al empuje de los empresarios. *El Bombón* de Pilsen, considerado la "matriz" del floreciente negocio, fue devorado por un incendio.

"Lo perdimos todo. Bien triste, porque fue allí donde hicimos el dinero para seguir expandiéndonos", recordó Luis.

Afortunadamente, el incendio dejó intacto el espíritu de emprendedor. En el 2010 abren otro *Bombón*. Esta vez en el 500 W. Madison St., cerca de las estaciones del Metra.

"Encontramos un buen precio y no perdimos la oportunidad. Nos va bien allí", dijo Laura.

Tiempo después, "cuando nadie nos quería prestar dinero", nació *La Lagartija*, una taquería algo atípica, muy cerca del Consulado de México en Chicago.

Desde las ruinas

La fuerza del amor operó para levantarse de las ruinas del incendio: "Todo esto lo hemos construido partiendo de la nada, con poco dinero y mucho amor. Si bien tuvimos una pequeña línea de crédito que nos amarraba, el principal financiamiento vino de nuestras pastelerías, especialmente la de Pilsen, que se nos quemó".

En otras palabras el *Bombón* de Pilsen, sirvió de "prestamista" para levantar los demás bombones y darle vida a *La Lagartija*, en el 132 N. Ashland Ave.

Pero quienes pudieron llegar hasta aquí, no son neófitos en el negocio. Mexicanos de origen, Laura y Luis eran Chef en *Frontera Grill*, una empresa que produce comida mexicana y donde empezaron a cocinar la idea de abrir su propio negocio.

Laura aprendió desde pequeña con una tía y de jovencita, cuando residía en Ciudad México, se fue tres años a Francia a estudiar una carrera de Chef, se graduó con Gran Diploma y regresó a su país para trabajar en restaurantes y pastelerías.

Luis, por su parte, trabajó para la cadena de restaurante *Lettuce Entertaint You* y estudió en el *New York Culinary Institute of America*.

Previsores como hormigas

Su aventura empresarial se inició produciendo pasteles y postres para vender al por mayor en los mercados, mientras mantenían el trabajo de "part time" hasta que el negocio empezara a despegar.

Al principio fue muy difícil, relata Luis: "No hacíamos dinero ni para comprar un pizarrón donde anunciar nuestras ofertas. Todo se hizo con mucho amor y poco dinero. Ahorro y mucha creatividad".

Por el momento, no quiere continuar su expansión, sino consolidar los cinco negocios que manejan y compartir más tiempo con la familia.

El instinto previsor los ha acompañado: "Hay que crecer poco a poco y tener un poco de dinero en el banco, una reserva en tu cuenta, para poder reaccionar ante los imprevistos".

Si bien caminan con cuidado por el lodoso terreno de la economía, la pareja busca una oportunidad para reconstruir el edificio que les trae muchos recuerdos gratos.

"Ese fue el local del negocio que nos permitió tener lo que tenemos hoy. Nuestro corazón sigue ahí, nuestros hijos nacieron en Pilsen, allí Luis me propuso matrimonio, es nuestro barrio… Pero ahora nadie nos quiere dar préstamo y mucho menos para un restaurante". El lamento de Laura sale del alma.

13
Lisa Meneses:
El baile de La Boriqua

El baile lo es todo para su vida, su medicina, su obsesión, la alegría. Baila cuando está contenta y baila si las cosas no salen bien, para aliviar las penas.

Así ha sido desde que Lisa Meneses, conocida como Lisa La "Boriqua", era una estudiante en 1989, cuando la salsa entró por sus pies y se quedó para siempre en su alma.

"Si me propongo hacer algo fuera del baile, me concentro y lo hago bien, pero eso no es bailar", dijo la dueña de *Latin Street Dancing*.

Cuando trabajaba como directora de ventas en la corporación *Procter & Gamble*, a Lisa le fue muy bien como vendedora, pero se quejaba constantemente porque no podía bailar lo suficiente.

El baile de la vida

"En 1995 una amiga, cansada de mis quejas, me dijo que dejara todo eso y me fuera a bailar", recordó esta mujer nacida en Chicago, de madre puertorriqueña y padre irlandés.

Salir de las ventas fue el primer paso hacia la aventura empresarial, pero Lisa dudaba de que pudiera ganarse la vida a ritmo de salsa, sones y merengues, así que sacó una licencia de cantinera y comenzó a ganar algún dinero en hoteles de la ciudad.

Nunca se rindió ante la idea de que los artistas están condenados al fracaso. "En ese tiempo se decía que los artistas no ganaban dinerito. Pero tiempo después ganaba más con el baile que en otros puestos de trabajo".

En realidad, Lisa descubrió su potencial para abrir una compañía, cuando sus amigas, a sabiendas de su aptitud para el baile, le recomendaban a personas interesadas en aprender a bailar.

De esta manera comenzó a correr la voz por la ciudad de gente de todo tipo de cultura y razas que siguieron la onda de una mujer que, para muchos, no cabía en el estereotipo de una latina salsera.

Cuando esta bailarina empírica se puso el sobrenombre de Lisa La Boriqua, con "q", lo hizo en parte para despejar las dudas que levantaba su rostro y color de piel, más cercanos a una irlandesa que a los oriundos de San Lorenzo, Puerto Rico, donde nació su madre.

La confusión que causa la hace reír: "Muchas veces al llegar a los clubes la gente se pregunta qué hace esta gringa bailando salsa".

Latin Street Dancing nació en 1998, en Western Ave. y Harrison St., cuando Lisa solo tenía como capital una tarjeta de crédito de $500, un auto valorado justamente en el costo de las llantas, $400, y la fortuna de bailar salsa.

La danza es para dos

Luego conoció al bailador Andrés Meneses, se enamoraron y su matrimonio enseñó que, en ocasiones, al negocio puede irle mejor cuando son dos los que bailan. La pareja empezó viviendo para bailar y terminó bailando para vivir. Y valió la pena.

Desde su fundación, *Latin Street Dancing* ha regalado a la ciudad de Chicago miles de nuevos bailadores mediante las clases que la compañía imparte cada semana a adultos y niños.

Por 15 años el baile de la pareja ha hecho mover el cuerpo de un sinfín de gentes de la ciudad y suburbios, alcanzando un punto de gozadera a principios del 2007, cuando los Osos de Chicago clasificaron para el Super Tazón.

La osomanía entonces llegó a los salones de *Latin Street Dancing*, luego que la compañía lanzara el *Super Bears Cha—Cha*, un pegajoso ritmo que salió de la chispa del músico salsero Angel Meléndez, el rapero Pola Bare y el ingeniero de sonido Craig Bauer, bajo la producción de Meneses.

El éxito no respondió a un hecho fortuito. Tirando un pasillo por aquí y otro por allá, Meneses se dio cuenta que podía hacer algo más para seguir alegrando la vida a *Latin Street Dancing*. Así que se enfrascó en una suerte de empresa artística que trae músicos de Puerto Rico, organiza un festival de la salsa y produce shows nocturnos en sitios como el Beer Garden, de Navy Pier.

Más allá del baile, Meneses ha dado a la empresa otra dimensión al traer a Chicago a grupos de la talla de Ismael Miranda, Héctor Tricoche y Willy Torres, y en el 2004 saltó hasta el techo cuando supo que el disco que produjo al salsero Angel Menéndez se había llevado una nominación al Premio Grammy como Mejor Álbum de Música Tradicional Tropical.

El baile y la música le han traído más de una sorpresa a la pareja, especialmente a la fundadora de esta divertida empresa, que si bien fue elegida como la Mujer de Negocios del Año por la Cámara Hispana de Comercio de Puerto Rico, y recibió un reconocimiento del ex alcalde Richard Daley por su contribución al baile en la ciudad de Chicago, su *Latin Street Dancing* parece ser un premio insuperable.

"Yo me siento feliz porque te diviertes con el baile, el día pasa rápido y, además, ganas dinero", dijo.

14
George Burciaga:
Sin miedo a la tempestad

En George Burciaga puede resumirse al empresario que marcha a la velocidad del tren de la tecnología y el emprendedor imparable que pone el ojo en su objetivo y siempre busca dar en el blanco, aunque tenga que reinventarse.

Y pensar que Burciaga sufrió un latigazo de la vida desde muy pequeño, cuando a los 8 años salía a las calles de Pilsen a vender gomas de mascar para llevar dinero a casa.

Ya como empresario, tropezó una y otra vez con la adversidad. Pero nada lo detuvo. Siguió robándole tiempo al sueño, con la misma pasión que hoy le abre el camino a la gloria.

El fantasma de la recesión es la prueba de fuego de un empresario: "Una situación difícil, como una recesión económica, tiende a confundir, pero los empresarios no deben desviar la atención del corazón del negocio, nunca deben perder el foco. Hay un momento en que debes mantenerte paciente, estar calmado y pensar con inteligencia para tomar las mejores decisiones".

Carrera de obstáculos

Y el consejo viene del Director Ejecutivo de *SmartTechs.net*, una compañía que fundó en 1998 en un modesto apartamento de Pilsen, y que hizo noticia nacional, luego de que Burciaga fuera seleccionado en el 2010 el Empresario del Año en Estados Unidos por parte de la Administración de Pequeñas Empresas (SBA, por sus siglas en inglés), un premio que disfrutó como una medalla olímpica porque si algo parece dominar muy bien, es saltar obstáculos.

"Tuve que reinventar mi empresa, incluyendo el cambio de nombre para sobrevivir al YK2", dijo en referencia a la alarma tecnológica que desató en todo en el mundo el supuesto fallo de los ordenadores, al cambiar de 1999 al 2000.

Entonces fundó *SmartTech.net*, una compañía de Tecnología de la Información (IT), que comenzó sus operaciones ofreciendo un servicio completo de soluciones tecnológicas a inversionistas de bancos y empresas de bebidas.

Para el 2002 el negocio se expandió al sector público, firmando contratos millonarios. Reflexiona: "La adversidad es parte de la rutina de un negocio. He pasado muchos dolores de cabeza. Hubo momentos en que no tenía dinero para pagarle a los trabajadores".

El joven empresario asegura, sin embargo, que no se debe sentir temor a la tempestad: "Quien tema, que deje el negocio, que se dedique a otra cosa. Siempre habrá dificultades, pero hay que enfrentarlas con decisión y la cabeza fría".

Pero también aconseja prepararse para este momento, tener en la mano un plan de negocio que contemple una situación adversa.

Es probable que la parte del empresario precavido que vive en Burciaga desempeñó su rol en la manera que la joven empresa sorteó con éxito lo que se consideró la peor crisis después desde la Gran Depresión.

Al mal tiempo buena cara

Mientras muchos se halaban los pelos por la mala economía, Burciaga y su equipo crearon una máquina similar a un cajero automático donde pueda leer las últimas noticias, enviar mensajes de texto a un celular, acceder a los medios sociales; encontrar lugares dónde ir y cómo llegar, tomarse una foto y enviarla al instante a un correo electrónico, entre otras cosas, comprar un sinfín de servicios y productos a precios de descuento.

Pensó en esta idea por dos años, trabajó en el desarrollo de un software junto a su equipo estrella, y lanzó una suerte de "caja mágica", que brinda información al público en formato interactivo e inspira a la gente que camina por la calle, como los turistas, a que controlen y manejen sus propias vivencias después de tocar la máquina: "Queremos cambiar la forma en que la gente se comunica en las calles".

Burciaga vive feliz de ser él, un latino emprendedor, quien haya logrado una tecnología única
en la ciudad y suficientemente creativa como para
lanzarla en todas las urbes del país.

Porque si bien ha avanzado de una manera rápida en carrera empresarial, Burciaga cree que
puede llegar mucho más lejos en la pista de las
oportunidades.

"Yo sé donde estoy ahora y adonde quiero llegar. En esto estoy enfocado", dijo Burciaga quien
parece mantener intacto el mismo espíritu emprendedor de aquel muchacho de ocho años que
salía a vender gomas de mascar en las calles de
Pilsen.

15
Neli Vázquez-Rowland: Candidata al Grammy y al Oscar

Tenía solo un año de existencia, y *Be!* ya era un cosmético estrella que han llevado a casa celebridades como Jennifer López, Salma Hayek, Gloria Stefan, Penélope Cruz, Lisa Presley, Natalie Cole y una lista interminable de famosas.

Be Products, la línea de cosméticos que Neli Vázquez—Rowland creó para el embellecimiento y cuidado de las uñas, subió con tal rapidez a la cima del mercado que hasta su propia creadora está sorprendida.

"Nos esforzamos por crear un producto natural de excelencia, pero jamás pensamos que tuviera una aceptación tan rápida", relata la CEO y presidente de la empresa fundada en el 2006 en Chicago.

La botellita mágica

Un año después de promoverlo, Neli recibió una llamada de los organizadores del Grammy Latino. La "botellita mágica" había sido escogida para echarla en la bolsa de artículos que regalan a las celebridades que asisten a la ceremonia de entrega de los codiciados premios musicales.

La voz se extendió y en el 2008 *Be!* se coló también en el *swagbag* del Grammy tradicional, cuando este concurso cumplía medio siglo galardonando artistas. Ese año también entró en la "gran pantalla". Neli y su Be! fueron invitados al 80 aniversario de los Oscar.

La idea comenzó durante una conversación en la cocina de una amiga que trabajó en una empresa que hacía pintura de uñas, y había abierto su propia compañía para vender el producto.

Primero Neli se interesó como una clienta más, pero luego ofreció comprar la empresa para desarrollar una producción a partir de ingredientes naturales.

La experiencia propia la propulsó a buscar soluciones: "Entonces no tenía las uñas bonitas. Eran débiles, se me rompían fácilmente. Los productos artificiales no las ayudaban a crecer y para quitarme los esmaltes también era un problema".

A partir de ahí se puso en contacto con especialistas con capacidad de producir una variedad de cosméticos naturales de alta calidad, duraderos y de rápido secado. De este concepto surgió el *2Be!*, un producto para fortalecer las uñas hecho con *Ayurveda's Gota Kola*, una yerba usada por siglos para curar anomalías en pies y uñas.

También mandó a fabricar un producto que quitara con facilidad la pintura sin dañar las uñas, otro para el secado rápido y un frasco con tapa cuadrada para poderlo abrir con facilidad.

Be Products no sólo se ha llegado a distribuir a 300 salones de belleza en los Estados Unidos, sino que cruzó las fronteras nacionales para venderse en otros 10 países, entre ellos, Grecia, Rusia, Líbano, Canadá y naciones de Europa del Este, mientras que la empresaria ha recibido llamadas personales de artistas famosos rendidos por su *Be*.

Un ascenso contra las adicciones

Pero el éxito meteórico de *Be Products* no respondió a la mera casualidad. Hija de inmigrantes mexicanos, Neli fue la primera de una familia de siete que ingresó a la Universidad. Estudió finanzas en Loyola University en 1985 y, al graduarse, se desempeñó por 13 años como corredora bursátil.

Durante todo ese tiempo vivió una experiencia envidiable. Fue vicepresidente de *Oppenheimer & Co* y presidente de *DNB Financial Services Inc.,* luego de dedicarse a identificar oportunidades de negocios, además de proveer *venture capital* y consejos financieros a empresas que manejaban millones.

En 1994, un problema de alcoholismo en la familia impactó de forma tremenda a Neli quien, al igual que su esposo Brian Rowland, se dio cuenta de la enorme cantidad de personas que necesitaban ayuda en su adicción a la droga y el alcohol.

Desde entonces la pareja fundó *A Safe Haven*, LLC, una institución con oficina en Chicago y la Avenida Pennsylvania, en Washington DC, y que solo en sus primeros 10 años de fundada atendió a alrededor de 20,000 adictos en su proceso de rehabilitación.

La rehabilitación es un tema complejo que nunca termina: "Nos dimos cuenta que cuando salían del programa muchos no tenían dónde vivir. Entonces empezamos a comprar viviendas de bajo costo y hoy disponemos de casi 300 apartamentos para ese fin".

Pero muchos de quienes pasan el proceso de rehabilitación enfrentan otro problema: casi nadie les quiere dar trabajo.

La triste realidad tropezaba contra el esfuerzo de *A Safe Haven* por sacar a miles de personas del abismo de la adicción.

Cuando Neli creó *Be Products* por su cabeza pasaba algo más que facilitar tener las uñas bonitas. "La verdadera razón por la cual compré la compañía —admitió— fue crear empleos para ellos".

Entre el 20 y el 25 por ciento de las 2,000 personas que anualmente se acogen al programa trabajan en la producción de *Be Products*. Pero Neli quiere ir más allá.

Con el slogan "Un mensaje en una botella", la empresaria busca crear más conciencia sobre la adicción, una misión similar a la campaña que lanzó el cosmético *Avon* respecto al cáncer de mama.

"Queremos elevar la conciencia, influenciar en el gobierno. Hay mucho estigma sobre el problema. El tema se trata como un crimen moral, no como una enfermedad".

Aliviar el dolor del mundo

Neli asegura que en la selección de *Be!* para formar parte de los renombrados concursos de música y cine, no ha sido sólo por la calidad, sino por el mensaje que lleva para el mundo de la farándula.

"Ellos (los organizadores) también desean elevar la conciencia de un problema que golpea a muchos artistas", dijo.

Su afán por ayudar a los necesitados la movió a realizar una proeza caritativa en el 2011, al ocurrir el devastador terremoto en Haití.

Neli se encontraba en Cancún cuando recibió una llamada de su esposo Brian a quien la ciudad le había pedido recibir a 200 haitianos en su clínica de adictos ubicada en el oeste de la ciudad.

La empresaria dejó una cómoda habitación en el balneario mexicano y voló a Chicago a organizar el recibimiento de personas que también sufrían una crisis emocional a causa del movimiento telúrico.

Eran niños, ancianos, hombres y mujeres, algunas con sus infantes, que llegaron a ser auxiliadas en *A Safe Haven* aún bajo el shock del golpe sísmico y que Neli sintió orgullo de haberles dado abrigo.

"Yo disfruté mucho la paz que pudimos darles después de tanta tragedia" dijo Neli, sobre quien no existe duda de que si los Grammy y Oscar se otorgaran a empresarias emprendedoras, ya estaría exhibiendo varias estatuillas en casa.

16
Roberto Garza:
¿Me escuchas ahora Neidy?

Para Eneida Guadalupe Rendón Nieblas la diferencia entre una persona sorda y otra que puede oír es Roberto Garza.

La primera referencia que tuvo el dueño de *Supermercado Garza* de la joven tapatía fue a través del invidente Horacio Esparza, residente en Chicago.

Neidy, como cariñosamente le llaman en Zapopán, Guadalajara, figuraba en una lista de niños que podían recuperar la audición mediante una operación.

Garza viajó con Esparza a México para conocer a la joven y a su madre, María del Carmen Niebla, cabeza de una familia de escasos recursos.

El empresario, oriundo de Guanajuato, regresó a Chicago decidido a apoyarla. Desde aquel viaje supo que Neidy necesitaba un implante coclear y que los doctores españoles Joseba Gorospe y Agustín Del Cañizo, autoridades en otorrinolaringología y quienes desarrollaron la tecnología, estaban dispuestos a operar a la joven en Guadalajara.

Según informaron a Garza, un mes después de la operación insertarían un aparato auditivo comprado en el Reino Unido. El costo total ascendía a $32,000, sin incluir costos hospitalarios.

Garza subió las cejas al conocer la cifra, pero estuvo dispuesto a cooperar. Esparza colaboró en el empeño de obtener una mejor alternativa y ¡bingo! El hospital ofreció cobrar solamente los equipos quirúrgicos y los especialistas españoles anunciaron que operarían sin honorarios. Al ver la cifra ajustada en $25,000, el empresario firmó el cheque.

El calvario de Neidy

Eneida Guadalupe nació ciega a causa de cataratas congénitas en 1983. Su sordera fue un proceso que comenzó a los 8 años luego de enfermarse de anginas y se agravó de forma irreversible tres años después por una intoxicación con penicilina.

Perdida la audición, Neidy tuvo que dejar unas clases de piano que recibía en una escuela especial.

Justo en ese difícil proceso de adaptación, sin poder ver, oír, o tocar piano, su padre deja a la familia. El destino de Neidy y de su hermano dos años mayor, nacido con la misma discapacidad, quedó en manos de su madre, quien a duras penas mantenía a la familia haciendo tortas o tejiendo bufandas.

En medio de todo, Neidy fue suspendida de la secundaria debido a su discapacidad, pero encontró refugió en la lectura y la poesía. A los dos años volvió a la lucha por la vida. Aprendió el sistema Braille manual, la escritura en mayúsculas en la palma de la mano y logró, "con mucho trabajo", el certificado de secundaria en el 2002.

Le enseñaron a manejar computadora gracias a la tecnología Display Braille, donada a una escuela especial de niños ciegos y sordos a la que asistía. Este paso fue esencial. A través de Internet conoció a los médicos de Salamanca, España, quienes la operaron y hoy son sus amigos.

Por aquel entonces Neidy percibía las vibraciones suficientes como para volver a practicar piano y enseñar a otros niños invidentes.

Aunque la sordera era una angustia permanente y un obstáculo en su ruta al progreso, la comunicación por computadora y el piano, que tocaba en diferentes escuelas, pusieron algo de música a su vida. Entonces apareció Roberto Garza.

"Hagámoslo otra vez"

En medio de grandes expectativas los españoles viajan a Guadalajara en noviembre del 2007 a operar a Neidy del oído izquierdo.

Luego de un proceso de cicatrización de un mes, colocaron el aparato auditivo hecho en el Reino Unido. Todos esperaban ansiosos el momento de ser escuchados por la paciente.

Pero el resultado fue devastador. El dispositivo cloquear no funcionó.

Los médicos se negaron a perder la batalla y sugirieron intentar de nuevo en el oído derecho. El costo de la operación no cambió, pero ¿quién pagaría?

Conmovido por la suerte de la veinteañera, Garza pidió preparar todo para hacerlo nuevamente.

Mientras los médicos realizaban estudios especiales para colocarle un aparato a la medida del oído, el empresario regresó a Chicago para buscar los recursos.

Junto con Esparza lanzó una campaña radial para conseguir los $25,000 para la causa de Neidy entre la comunidad. Por cada dólar aportado, Garza donaba otro.

Entre tanto, los catedráticos españoles decidieron que el equipo se compraría en Australia. En noviembre del 2008, la segunda operación estuvo lista, pero faltaba el dinero.

La campaña en Chicago apenas reunió $5,000, la mitad aportada por el empresario. Pero la operación se haría de todas maneras: Garza desembolsó el resto.

La joven fue operada, transcurrió el mes de cicatrización y, aunque hubo un día de zozobra, esta vez sí hubo celebración.

"Al principio sentía las voces un poquito metálicas. Me confundía porque todas parecían iguales, pero con los días fui mejorando", dijo Neidy por vía telefónica a *Negocios Now* desde Zapopán.

Para ella es difícil describir con palabras lo que siente ante la generosidad de los especialistas, del personal hospitalario y, en especial "a Don Roberto, quien puso la mayor parte económica".

Cambiar el mundo de una persona

Además de empresario exitoso, el otrora dueño de Supermercados Garza es conocido por su apoyo a la comunidad inmigrante a lo largo de su vida.

"Hacer dinero es bueno, pero ¿qué lección le damos a nuestros hijos?, dijo el propietario de *Option Communications*, empresa que hace 20 años vende tarjetas telefónicas.

Aunque ha ayudado a muchos de forma individual y colectivamente, donando tiempo y recursos para las marchas migratorias, el nombre de Neidy es algo especial en su vida.

Garza no reveló la cifra total que gastó porque, a su juicio, no es lo más importante en el proceso de Neidy. "A mí me gusta ayudar al prójimo, ayudar a mi comunidad", dijo para luego parafrasear un axioma que encaja con su manera de pensar

"No podemos cambiar el mundo, pero sí podemos cambiar el mundo de una persona".

17
Nancy Vázquez:
I love my job

Su negocio es la política, pero no justamente dando discursos para ganar un puesto público, sino conectando a las compañías con los legisladores, moviéndose con cuidado en la fina cuerda de la persuasión.

Y para triunfar en este terreno, se requiere de varios atributos.

Algunos forman parte de la personalidad de Nancy Vázquez, pero otros los ha aprendido sobre la marcha, en Washington DC y en los turbulentos pasillos del Capitolio de Springfield.

La palabra precisa

Hay que ser listo, podría asegurarse que muy listo, aprender a escuchar, responder con la frase precisa y cerrar la boca en el momento adecuado. Un gimnasta de la palabra.

Su cautela y su confianza es parte de su negocio: "Siempre tengo cuidado con lo que digo y hago. Decir lo que tienes que decir. Es una regla no escrita que cuando conoces algo muy importante, no debes correr a decirlo a una tercera persona".

Pero en ocasiones, cuando el escenario está enrarecido y los tiempos de la negociación se agotan, Nancy suele sufrir una metamorfosis sin perder la cabeza. Entonces habla directo, enfrentando una lluvia de preguntas y sacando sus mejores armas de la negociación.

Ella se autodefine como una persona de "mucha energía, que busca lo que tiene que buscar y fuerte de carácter para sobrevivir en un mundo de hombres".

El reto parece colosal. Especialmente por ser latina y mujer. Y esta boricua lo supo desde la década de los 90, cuando empezó a gustarle la idea de ganarse la vida jugando el papel de mediadora.

Una gema preciosa

En un mundo de hombres su personalidad despunta aún más: "En realidad esto es un mundo de hombres. Es un trabajo difícil para las mujeres, aunque cada vez son más las que entramos en este territorio".

El ansia de ayudar a la gente fue lo que, en realidad, conectó a Nancy con la política, justo cuando a finales trabajaba para el Seguro Social y estudiaba para ser maestra en Chicago.

"Por el doctor Santos Rivera (director del *Instituto Enlace Leadearship* en la Universidad de Northeastern), se me alumbró el bombillo, me dijo que era buena para la política. Así que trabajé en las Campañas del Comisionado Roberto Maldonado y de la fiscal Lisa Madigan.

Mediante el programa del Dr. Rivera, Nancy viaja a Washington DC donde trabajó en la oficina del congresista Luis Gutiérrez y dio los primeros pasos en el mundo del cabildeo, en temas de inmigración y veteranos de guerra.

A su regreso a Chicago, estudió Ciencias Políticas en Northeastern, y cuando se graduó sabía exactamente lo que quería hacer con su vida.

"Entonces hablé con el cabildero Gabriel López y él me abrió las puertas a Springfield", cuenta Nancy.

Gracias a su habilidad para cerrar negocios, le han llegado ofertas tentadoras, como la de una corporación que quería colocarla de Representante en Europa y que, en un principio, Nancy rechazó, pero dejó la ventana abierta para una oportunidad futura.

Pocos años después, cayó una oferta internacional que no pudo resistir. "Fui a Okinawa, Japón. Me contrataron para buscar fondos para la reconstrucción socio–económica de un grupo de islas del Pacífico, como Guam, Tinian y Saipan. Luego también hice cabildeos para proyectos en Guatemala y Panamá que me pusieron en otra perspectiva".

Sin embargo, el salto de mediar en Springfield a predios internacionales representó un desafío para la boricua: "Cuando haces cabildeo en otro país, tienes que conocer previamente un poco de todo: su historia, su cultura, de legislaciones y política interna y terminologías del lenguaje, por solo mencionarte algunaa. Es otra dimensión".

Pero su temperamento, su condición de ser una mediadora bilingüe y el carisma, se unieron para que Nancy también triunfara lejos del capitolio de Springfield.

"A veces me preguntan por qué yo no aspiro a llegar más lejos. Digamos a lanzarme para un puesto político. No me interesa y, en verdad, me disgusta cuando alguien me hace esa pregunta. *I love my job*!", dice enfáticamente.

Y a juzgar por lo hablamos "off the record", la vida de intermediaria lo vale ¿Qué cuánto gana? "Lo suficiente para vivir decentemente", dijo con una sonrisa picaresca.

18
Rigoberto González:
Mr. G y el *mall* del millón

¿Y si en lugar de pagar rentas hasta de $3,000 dólares por un local de negocio, reunimos dinero entre un grupo de empresarios, compramos un *mall* y nos quitamos de encima esa pesadilla?

Rigoberto González se hizo esa pregunta en 1998, poco después de fundar la organización gremial Comerciantes Unidos de Pilsen, a sugerencia de dueños de negocios que vieron en él la voluntad y el ánimo de ayudar a la comunidad empresarial.

La idea navegó por largo tiempo en la cabeza de Mr. G, como algunos le llaman con afecto por el nombre que puso a su negocio de reparar máquinas de coser. Finalmente decidió entrar en plena acción luego de agrupar a comerciantes en el estacionamiento de un banco en la calle 18, de Pilsen, donde montó un "mercadito cultural".

La clave fue interpretar la necesidad de muchos colegas: "Algunos comerciantes habían tenido que cerrar sus negocios, justamente porque no pudieron soportar la falta de ventas y el pago de altas rentas. Los llamé y les pregunté que si querían vender sus productos, sin otro cargo que el irrisorio pago de los baños sanitarios portátiles. La respuesta fue excelente. No lo podían creer, estaban muy contentos".

Un millón de sueños

La iniciativa fue la prueba que necesitaba González para iniciar en el 2007 una tenaz búsqueda de un *mall*, como denominan en inglés a un centro comercial multipropósito, para lo cual logró reunir un millón de dólares entre un grupo de empresarios que siguieron sus pasos.

De la noche a la mañana, el dueño de *"Mr. G Sewing Machine Shop*, se puso en los zapatos de un agente inmobiliario, contrató un contador y un abogado en un desafío que no sabía a ciencias ciertas que le deparaba.

Ofreció una solución sencilla al problema de muchos: "Con el millón en mano, encontramos un edificio para capacidad de unos 20 espacios. La idea era simple: los comerciantes compran un espacio dentro del local, digamos de 10x10, a un precio risible para lo que pagan en renta, y tienen de por vida un sitio propio que, incluso, pueden rentar a otra persona".

Pero cuando otros dueños de negocios se enteraron de sus pasos, también quisieron participar. "En menos de dos meses recibimos unas 800 solicitudes de empresas latinas". Tal reacción, hizo que González pensara en grande, así que reunió más millones para el proyecto y reanudó la búsqueda de un local más amplio.

"Encontramos un sinfín de obstáculos —recuerda—. La mayoría de los inmuebles que hallábamos debían cambiar su estatus de zonificación. Otros lugares no tenían estacionamiento. Hubo una ocasión que saltamos de alegría al descubrir un sitio que vendían en siete millones. Prometimos disponer de ese dinero, pero cuando el dueño vio tanto entusiasmo, nos subió un millón más".

No se rindió. Al año de pesquisas, González descubrió un inmueble de 210,000 pies cuadrados en el 3200 S. Kedzie Ave.. Era bastante aproximado a lo que tanto buscaba. Habló con los demás empresarios inversionistas y lo compró en $5 millones 400 mil dólares. En el 2011, tras librar una larga batalla burocrática, por fin abrió *Azteca Mall*, como el mejor premio a su perseverancia.

El empresario sabe de que tomará algunos años para convertir las viejas naves en un reluciente *Azteca Mall*, tal y como está diseñado en una bella maqueta, pero su rostro muestra la felicidad de un hombre que luchó sin tregua por un sueño y lo ve materializado en los comerciantes que establecieron allí sus negocios y respiran en paz.

Unir voluntades

Para González hay una lección en este logro: "El *Azteca Mall* demuestra que si los empresarios latinos fuéramos más unidos, nos iría mucho mejor. Son muchos los que pagan $1000 y $3000 dólares por la renta de un local ¿Cuánto es eso en un año? ¿Cuántos millones son si sumamos los miles o millones de empresarios que la pagan cada mes? ¿Por qué no hacer lo mismo en otras partes?

Mucho antes de pensar en el "mall del millón", este mecánico de máquinas de coser, un raro oficio en el siglo 21 y que aprendió hace unas cuatro décadas en su natal San Luis Potosí, exhibía credenciales de un hombre innovador.

Antes de ser un líder gremial, Mr. G ya había atraído los lentes de una estación de la TV local en el 2000, cuando inventó una barredora de juguete.

Primero construyó una de aproximadamente un metro de largo —dijo—, pero ante el peligro de que los niños sufrieran un accidente en la calle, ideó otra más pequeña guidada por un control remoto, y que podía limpiar debajo de los autos.

"Mientras los niños se divertían, las aceras quedaban limpias —relata—. Algunos empresarios al ver aquello, me animaron a abrir una organización como Comerciantes Unidos de Pilsen. Ya estando aquí, como fundador y Director Ejecutivo, me di cuenta que la principal queja de los empresarios, era las elevadas rentas".

Así que la génesis del mall de González, está en una barredora de juguete que creó con su ingenio para divertir a los niños.

19
Oliva Bustamante:
La guerrera de los tamales

La batalla de Oliva Bustamante comenzó en una madrugada de hielo, a las 2 a.m., cuando se puso en pie de lucha por la vida con algo que aprendió a hacer desde niña: tamales.

Era mediado de los años 90. Afuera, ay Dios mío, soplaba un frío diabólico, 10 grados bajo cero; pero Oliva estaba dispuesta a salir a la calle y enfrentar una colosal tormenta de nieve si era preciso por tal de traer a casa lo que perdió con su antiguo empleo.

Porque fue la propia vida que la empujó a ese desafío. Había sido despedida de una fábrica de alternadores, y esta mujer, que entonces se acercaba al medio siglo de existencia, se dio cuenta que tenía escasas opciones para conseguir un nuevo trabajo y vivir decorosamente.

"Fue cuando me pregunté ¿y ahora qué hago?", recordó Oliva, una madre de cuatro hijos y seis décadas de vida. La respuesta aterrizó rápido: "tamales guerrerenses".

Una hora después de levantarse, ya tiraba de su carrito de dos ruedas por Rogers Park, el mismo que usaba para ir al mercado que lo llenaba de tamales calientes. Caminaba de una esquina a otra, subía y bajaba escaleras o, con la luz del día, tocaba puertas bajo un frío irrespetuoso.

"Los dedos se me congelaban. A veces tenía que subir con el carrito hasta un 5to piso. Escalón por escalón. Sufrí mucho. Así me pasé más de 10 años hasta estar aquí", recuerda ahora en su propio restaurante Lo Mejor de Guerrero, en el 7024 N. de la calle Clark.

La luz en un rinconcito

El comienzo fue incierto. Empezó en un rinconcito a las afueras del mercado Roman, en la Lunt y la Clark, en el norte del Chicago, luego de pedirle permiso a los dueños, de quienes vive tan agradecida que les daría tamales gratis de por vida.

Más tarde comenzó a moverse a otras esquinas de su barrio, como la Clark y la Pratt, de donde tuvo que salir ante la queja del gerente de un famoso restaurante porque, supuestamente, le estaba robando clientes.

Los tamales guerrerenses de Oliva prendieron rápido en el paladar de la gente y muy pronto se hizo de una clientela fiel, que le hacía pedidos por docenas: "Lo mismo para la Navidad, bodas, cumpleaños que cualquiera otra celebración".

La demanda fue tal que una hermana, Eliud Bustamante, y su hija Erika Brito tuvieron que echarle la mano en la cocina y entrar de lleno en el negocio, especialmente en la operación.

"Fue algo increíble. A veces se nos acababa y la gente esperaba de 15 y 20 minutos en una fila con temperaturas extremadamente bajas, hasta que llegábamos con más tamales calientes", dijo Erika.

Siguió creciendo y se hizo de un carro de cuatro ruedas con mejores condiciones para la venta y un auto para apoyar un negocio en la ruta de la prosperidad, y correr a su interior cuando el frío despiadado empezaba a congelar su mediano cuerpo.

El duro invierno, no cedía. Oliva tampoco, a pesar de los múltiples obstáculos. Incluso en el verano, las cosas tampoco salían a pedir de boca.

"Vendí mucho en la playa del Lago. Tampoco es fácil mover el carro en la arena. Se requiere de un esfuerzo físico extra, las ruedas se traban, y casi terminas cargándolo", dijo esta mujer de aproximadamente 1 metro y 60 cms de estatura.

Sin embargo, el resultado del negocio fue pura adrenalina para esta guerrera. "Cuando al final del día ves tu dinerito, entonces te dices, vale la pena la constancia, el sacrificio".

Pero el verano de Chicago es muy corto. El frío regresa rápido y nuevamente Oliva escuchaba la misma sugerencia de sus clientes que, por cariño o piedad, le pedían que buscara mayor protección con un sitio permanente para vender sus tamales.

A esta recomendación, se sumó otro "problema": la cocina de casa ya quedaba pequeña para la producción voluminosa de sus tamales.

Lo mejor de la tierra natal

Fue cuando Oliva y su familia, decidieron rentar un local en la calle Clark y abrir *Lo mejor de Guerrero,* un restaurante que nació en el 2004 con una clientela cautiva y a la que dejó saber con antelación, con tarjetas y corriendo la voz, donde podían encontrarla.

Esta elemental labor de mercadotecnia fue suficiente para mantener su clientela activa. A las 5.00 a.m. las puertas del restaurante abren para servir a hispanos, afroamericanos, asiáticos y blancos que además del rico tamal degustan el pozole, menudo y el mole al estilo de guerrero.

"Muchos son las mismas personas que me compraron por años y ahora vienen contenta de verme en un restaurante, protegida del frío —relata—. No sólo compran para comer aquí: hay quienes han llevado mis tamales a Atlanta, Puerto Rico…incluso a Canadá".

Hoy como una empresaria formal, la guerrerense que no tuvo la oportunidad de avanzar más allá de la primaria, alberga ahora otras preocupaciones, y a veces su voz suena como si echara de menos el carrito de dos ruedas.

"Ahora hay más responsabilidad. Tengo que pagar una renta, la electricidad y otros gastos que no tenía antes. Además, debo tener todo en orden para cuando vengan a inspeccionar el negocio. Mantenerlo es un reto grande", dice resignada.

Hay también otra pequeña diferencia, entre la Oliva de aquellos tiempos de la intemperie y la mujer empresaria que es hoy: "Antes me levantaba a las 2 de la madrugada y ahora me levanto a las 3 a.m.", dijo con una sonrisa.

20
Martin Cabrera:
Un campeón olímpico de las finanzas

Quizás lo que ha catapultado a Martin Cabrera a las Ligas Mayores de las altas finanzas es su incansable espíritu de deportista.

Su fascinación por la industria financiera nació mientras estudiaba en la secundaria Bogan, de La Villita. Entonces era muy activo en deportes, un "negocio" muy competitivo:

"En el deporte, tu disfrutas los desafíos, la competencia y disfrutas ganar. El mercado de servicios financieros ha estado dirigido por el capital y las ganancias, es muy competitivo…me dije esto es para mí".

Pero no siempre pensó así. Cuando inició la secundaria la palabra finanza estaba lejos de la mente del hoy dueño de *Cabrera Capital Markets, LLC*, entre las firmas de inversiones bancarias más respetadas del mundo, con 8 oficinas en el país y una cartera de $380 billones bajo su administración.

Quería ser arquitecto. Pero dos profesores de la escuela Bogan, Jim Ortiz y Tom Ryan, tenían otro plan él. Ortiz le sugirió un día que tomara clases de finanzas y que "jugara al juego" de invertir en la bolsa, recordó.

El recuerdo de la vehemencia de sus maestros aún le divierte: "Le dije que iba a asistir a la Universidad de Illinois (para estudiar arquitectura) y ante mi negativa, me agarró jugando por el cuello y me dijo: ́Martin, yo quiero que recibas clases de finanzas ́. Le respondí: "Okay, okay voy a tomar tus clases", recuerda y vuelve a sonreír.

Jugar a los negocios

De aquella etapa, el empresario recuerda una anécdota graciosa: "Ortiz preguntó qué era una Acción y qué un Bono, yo levanté la mano y le respondí que un bono era algo entre un hombre y una mujer", volvió a sonreír.

Luego de explicar a un grupo de latinos que se trataba de un instrumento financiero, Ortiz dio a cada uno de ellos $100,000 en dinero imaginario para investigar compañías e invertir en ellas, con el objetivo de lograr el mejor retorno posible al mercado.

"Nos enseñaba algo que era del otro mundo para nosotros. Crecimos en Pilsen y Villita, no teníamos dinero, estábamos en la quiebra, pero no lo supimos hasta más tarde, porque nunca nos habían hablado de inversión, de ahorro, de compras de acciones, y eso realmente me abrió los ojos".

Emocionados por "jugar el juego", de las inversiones, Cabrera y sus compañeros de grupo lograron sobresalientes resultados académicos, incluso mejor desempeño que estudiantes de escuelas privadas o católicas.

Algo había aprendido: "Esto me demostró que en dependencia de lo duro que trabajes, investigues y hagas tu tarea, no importa de dónde vengas y cuan pobre sea tu familia, puedes competir y ranquearte en la cima de tu categoría".

Hijo de una madre de un pequeño pueblo de Durango y un padre de San Luis Potosí, México, Cabrera comenzó a labrar por sí mismo su destino. Sacó la licenciatura en Ciencias de las Finanzas de Northen Illinois University, ocupó altos cargos ejecutivos en firmas como *Amerivets Securities, Inc., Salomon Grey Financial Corporation's Chicago* y, por último, abrió una compañía que es líder en el sector inversión bancaria.

"Tener mi propia empresa ha venido acompañado de muchos sacrificios para tu familias y amigos. Financieramente también. Tienes que estar preparado para tiempos difíciles y crear una reserva para esa etapa", recomendó.

Ahora es él quien da los consejos: "Por otro lado, debes contar con al personal adecuado, enfocados en el éxito del negocio, motivados, que sirva adecuadamente al cliente. Si no lo haces así, será extremadamente difícil ser exitoso".

Crecer con la comunidad

Y lo dice el hombre que no solo siente orgullo cuando ve en inversiones de escuelas y aeropuertos el resultado de sus transacciones, sino el que gusta ver el progreso de su comunidad y busca la mejor manera de ayudarla.

"No sólo se trata de que le vaya bien a un individuo, dice respecto al empresario, también se debe esparcir esa riqueza, conocimientos y experiencias para estimular a otros a cumplir ellos mismos sus metas. Como comunidad tenemos que esforzarnos y no ser complacientes".

Porque para Cabrera una vía de prosperar es siendo más fuerte económicamente y unidos.

"Como comunidad latina si no tienes poder económico, nunca tendrás el poder político que nos permite avanzar en materia de vivienda, educación y todos los servicios que nuestra gente necesita", opinó.

Y a juicio de este empresario, seleccionado este año por Chicago Magazine entre los 100 individuos "más poderosos" de la ciudad, el factor elemental para abrir la puerta de las oportunidades, no es la pura suerte.

Sabe que la clave de su vida fue la educación: "Mi padre ya fallecido y mi madre, me decían ´hijo, la única manera que puedes salir de este vecindario, es si tu estudias´. Yo aún vivo en el vecindario, amo a mi barrio, pero realmente si hoy uno tiene la libertad de hacer lo que tú quieres hacer, es gracias a la educación".

21
Héctor Pérez:
El derechazo de Rocky

Si un filme nunca olvida Héctor Pérez ese es Rocky Balboa, el boxeador invencible protagonizado por Silvestre Stallone.

Era 1976 cuando Pérez, recién graduado de Columbia College en Artes, en la especialidad en anuncios y publicidad en Televisión, buscaba una oportunidad para proyectar todo su talento. Y encontró lo que buscaba.

Héctor recuerda cómo dio su golpe de suerte: "Acababa de salir la película ´Rocky´ y por entonces Joe Perillo, me llama para hacer un anuncio para su negocio de ventas de autos".

El anuncio fue sencillo, rápido y demoledor. El propio Perillo, con guantes de boxeos, da un golpe fulminante y los precios se van a la lona.

Pegada certera

Pérez se puso tan contento con su primer éxito publicitario que cuando en ese mismo año decidió abrir su productora de filmes, le denominó *Rockets Productions*, Inc., establecida inicialmente en la calle Wells, en el centro de Chicago.

Desde entonces la vida de este veterano de la guerra de Vietnam ha transcurrido entre cámaras de videos, máquinas de edición, documentales, publicidad y comerciales televisivos que le han dado más de una sonrisa.

Sin embargo, la pasión por la realización fílmica llegó a Pérez desde la temprana edad de los ocho años, cuando compró una cámara de filmación de 8mm de un catálogo de Sears. Así lo recuerda: "En aquel entonces, yo filmaba cada evento de familia, e incluso producía documentales cortos de comedia, usando como protagonistas a amigos y miembros de la familia".

Luego de la adolescencia, Pérez pasó dos años en la Marina durante la Guerra de Vietnam y debido a su servicio al país, recibió una ayuda financiera para estudiar en la universidad. Estudió Producción de Televisión y Publicidad en Columbia College y figuró entre los más destacados de su curso.

"Mi madre, quien había sido maestra en México, siempre quiso que sus hijos fueran a la Universidad. Cuando estaba en la preparatoria, recuerdo que pregunté a mi padre si él podía conseguirme un trabajo en la fábrica donde trabajaba y me respondió: ´Yo no estoy trabajando en la fábrica para que trabajes en la fábrica. Tú tienes que alcanzar un nivel más alto".

Su primer trabajo después de salir de la Universidad fue de productor de *NBC–TV*. A los tres meses de realizar esa labor, fue promovido a productor: "Aprendí mucho de productor allí, pero después de un año, quería poner en práctica algunas de mis ideas de publicidad. Los amigos y la familia estaban en shock cuando deje *NBC–TV* para buscarme la vida por mi propia cuenta".

El primer comercial que vendió fue precisamente el Rocky destructor de precios para el concesionario *Joe Perillo "Pontiac"*.

"Este material publicitario tuvo un éxito rotundo y fue la prueba de que tenía ideas para vender y ganarme la vida. Una de las ideas que puse de inmediato en acción fue crear especiales de TV, buscar patrocinadores y comprar espacios en canales de una las principales tele–emisoras de la ciudad. El concepto funcionó y comencé a producir mis propios documentales", aseveró.

Más de tres décadas después de aquel derechazo publicitario, el empresario de origen mexicano asegura que vive fascinado por un negocio saludable desde todos los puntos de vistas. "Me mueve más la pasión que el dinero", dijo este padre de cinco hijos.

Hombre orquesta

Pero no siempre han sido momentos de gloria. No obstante su primer éxito con el anuncio de Perillo, Pérez recuerda aquellos días de inicio en su carrera empresarial, cuando fungía como un hombre orquesta. Operando desde su propia casa, el empresario hacía de escritor, productor, vendedor, mercadólogo y camarógrafo.

Necesitaba mucho del apoyo de la familia. Había meses en que hacía muy poco dinero", dijo.

Pese a todo, Pérez siguió rodando todo su talento para la producción de materiales publicitarios, un arte que lo considera una diversión: "Me encanta jugar con los equipos, esto es como un juego".

Y este juego con las cámaras le ha proporcionado numerosos reconocimientos a lo largo de su trayectoria fílmica, como tres premios *Emmy* ganados por sus documentales "México vibra en Chicago" (1977), El Vía Crucis (1979), y "Sida" (1990).

Pérez siente que uno de los puntos clave de éxito es su condición de ser una persona bilingüe, una ventaja que duplica —dice— las oportunidades en su negocio.

"Trabajar en los mercados hispano y anglosajón también me ha hecho consciente de la necesidad de crear conceptos que no pueden ser simplemente traducidos en la manera del inglés al español como lo hacen algunas agencias.

Pero al hablar de éxito, Pérez pone a sus padres en lo más alto del pedestal.

"Mi madre y mi padre vinieron a Estados Unidos detrás del sueño americano, pero no necesariamente para ellos, sino para sus hijos, dijo. Y aunque ellos ya no están conmigo, yo los llevo en mi corazón y mi espíritu. Yo quiero ser justo como ellos, no temerle a la vida y siempre proveerle apoyo, amor y alentando a mis hijos".

22
Nancy Andrade:
Impone la ley con tamales mexicanos

La historia de Nancy Andrade la empresaria comenzó un día impreciso en su vida, cuando esta abogada decidió llevarles a sus colegas unos tamales cocinados por su mamá.

Corría el año 2001. Nancy trabajaba entonces en un bufete de 200 abogados en el centro de la ciudad de Chicago. Solo cuatro eran hispanos y ella era la única de descendencia mexicana.

Los mejores sabores de su tierra la salvaron: "Varios me preguntaron dónde conseguir buena comida mexicana. Por aquella época, mis padres tenían un negocio de entrega de comida a domicilio. Lo hacían más bien por un hobby. Y vendían tamales".

Entonces Nancy dio a probar algunos a sus compañeros. Deliciosos. Luego pidieron más y la joven abogada comenzó a recibir pedidos para fiestas, y los tamales "con la receta de mamá" comenzaron a hacerse famosos.

Y así cultivó el éxito: "Por dos años recibí órdenes y durante todo ese tiempo, no fueron pocos quienes me sugirieron que dejara la carrera y me dedicara a los tamales. Yo solía responder que ni loca haría eso".

Una abogada con sabor

Fue cuando pensó en "estacionar" la abogacía y montarse en la industria de los tamales. Sus padres, orgullosos de su hija abogada, dieron el grito en el cielo cuando se enteraron del cambio de carril.

"Yo ganaba buen salario, con beneficios, tenía una vida confortable. Renuncié a todo eso. Hice un poco de sacrificio y al final valió la pena", comentó la graduada de la Universidad Católica de Washington DC.

Fascinada de ver cómo a todos les gustaba el tamal de sus padres, "desde el jefe hasta la persona del puesto más modesto", Nancy decidió convertirse en empresaria.

Fue más fácil decirlo que hacerlo. Tardó año y medio en lanzar el negocio porque no sabía —admitió— absolutamente nada de la industria de elaboración de alimentos, un negocio dominado por hombres.

Desde los requisitos de salubridad que exigen las autoridades hasta como convertir una receta casera, familiar, en industrial. Nancy tuvo que hacer una investigación profunda sobre todo lo que rodea al tamal.

"Sabía mucho de aspectos legales, pero nada de negocio, ni siquiera lo más elemental, cómo empezarlo y la forma de conseguir el financiamiento. Tuve que aprender a toda velocidad y fue suficiente con aprender "de todo un poquito".

Un nuevo comienzo

El principio fue particularmente difícil para Nancy quien en su búsqueda de ayuda se presentaba a sí misma como abogada especializada en seguridad corporativa, sin darse cuenta que esto intimidaba a la mayoría de la gente. Así que archivó el título de abogada e inició el duro camino de una empresaria.

Pero en ese desafío, la familia no la dejó sola. Sus hermanos, mamá y papá se sumaron a la presidente de *Mexifeast Foods Inc*, como denominó la empresa fundada en el 2003, en la elaboración y distribución del producto.

De pequeñas cantidades, la empresa familiar fue creciendo en volumen año tras año hasta colocarse entre las líderes en la producción y distribución de este producto en el área de Chicago con clientes como *Walmart y Whole Food*, un logro que implicó un reto colosal.

"Entrar a *Whole Foods* me tomó un año y fue un reto colosal porque tomó tiempo aprender la producción de alimentos orgánicos e implicó cambiar los ingredientes con los cuales producía los tamales, sin afectar el sabor que los ha hecho famosos", aseguró.

Nancy cree que si el éxito tocó su puerta de una manera rápida, se debió a la educación recibida. Incluso, profesión de abogada le sirve ahora para manejar las cuestiones legales de su propio negocio.

"Mi consejo a otros empresarios o a quienes quieren seguir este camino, es que se eduquen lo más que puedan.

La preparación ayuda a la hora de aprender, por ejemplo, el lenguaje y el pensamiento corporativo, dos cuestiones clave. *Mexifeast Foods Inc* parece ser la otra universidad de Nancy Andrade para quien lo más importante es hacer —dijo— lo que uno no sabe.

23
Roberto Ramírez:
"Me cansé de limpiar piso"

La vida empresarial de Roberto Ramírez comenzó el día que se cansó de limpiar pisos y baños, y se decidió a hablar con su jefe.

"Paré de trabajar y le dije a mi jefe que quería aprovechar mejor mi talento, que me pusiera de vendedor de su compañía", recuerda ahora, años después de aquel día revelador.

Pero este inmigrante mexicano recibió un "no" rotundo que, lejos de amilanarlo, lo impulsó a tomar una decisión difícil: abrir su propia empresa.

Fue así que después de trabajar cinco años para una compañía de nivel nacional de limpieza, a veces hasta 15 horas diarias, Ramírez decidió crear en 1991 Tidy, la compañía con la cual empezó a sacarle brillo a su exitosa vida empresarial.

"En realidad pedir que me promovieran como vendedor fue un acto de valentía porque no tenía experiencia en ventas y mi inglés era mocho, muy pobre", dice entre sonrisas este oriundo de Matamoros Tamaulipas, México. "Pero cuando el zapato aprieta, uno saca valentía de donde no tiene".

Negocio limpio

Con la experiencia de trabajar casi media década en compañías de limpieza y un poco de dinero prestado por su madre, Ramírez fundó su propia compañía de limpieza e hizo que creciera al punto de obtener millones de dólares en unos pocos años.

En 1996 la empresa recibió el premio de "Negocio Hispano del Año en Chicago" que otorga la Asociación Hispano Americana de la Industria de la Construcción (HACIA) a las empresas latinas más exitosas.

"Fuimos creciendo poco a poco, haciendo todo tipo de limpieza en el área de servicios y la construcción".

Localizada en Naperville, Illinois, al oeste de Chicago, *Tidy* no solo sobrevive sino que obtiene réditos a pesar de la competencia. "Es un mercado saturado, muy competitivo, pero así como entran unas, salen otras, mientras nosotros nos mantenemos".

Ramírez coloca su experiencia en primer orden a la hora de explicar las razones del rápido crecimiento de *Tidy*.

"Una compañía de limpieza no es comprar una cubeta, llenarla de agua y a limpiar. Para sacarle brillo a un edificio, hay que saber hacerlo", explica convertido en un experto.

El éxito llegó rápido. La cuenta del banco a mejorar y Ramírez comenzó a hacer con lo cual soñó desde los días en que limpiaba pisos y lavaba platos: filantropía.

Porque Ramírez es de las personas que nunca olvida quién es y de dónde vino, ni de los días en que, viviendo ya en Aurora, veía las puertas cerradas a las oportunidades.

Contra viento y marea

Era el hombre cuya niñez estuvo marcada por la pérdida inesperada de su padre Jesús, quien "fue víctima de un asesinato político" en Matamoros, cuando tenía 9 años.

Junto con ocho hermanos, entre ellos dos mujeres, Ramírez cruzó la frontera acompañado de su madre, de entonces 34 años, y se asentó en Aurora donde estudió la secundaria y se inscribió en una banda local para aprender música, su sueño dorado.

Pero, poco después, dejó la escuela y la música, temeroso de que supieran que tanto él como su familia no tenían documentos de legal estancia y fueran deportados. Fue cuando Ramírez optó por lavar platos en un restaurante.

Ha sido un largo camino que ha tenido muchas recompensas.

En el 2000 Ramírez fue electo al Consejo Directivo de Hispanos en Filantropía en Berkeley, California, y ese mismo año integró el comité creado por el gobernador de Illinois para estudiar el sistema de la pena Capital en el estado, convirtiéndose en el único latino en formar parte de ese organismo.

Cinco años después de sacarle dividendos a su empresa, Ramírez creó la *Fundación Jesús Guadalupe*, en honor a su padre Jesús y a su madre Guadalupe, una organización no lucrativa que ha ayudado con becas de $1000 a estudiantes latinos en el estado de Illinois. Cada año da la misma cantidad a todos los seleccionados, hasta que terminan sus estudios.

Otras historias sorprendentes se acercaron a su vida: "La primera beca fue al joven mexicano Rafael Arellano. Estudió negocios, y hoy tiene su propia empresa. Después de 10 años regresó a ofrecer su ayuda a la Fundación y fue electo el presidente del consejo de la misma".

Sin pausa en sus fines filantrópicos, Ramírez fundó otras dos organizaciones sin fines de lucro: una fundación sobre medios, llamada *Spanish Public Media Foundation*, y la segunda, hija de la anterior, una radio pública en español, llamada; *SPR—Radio Cosmos*.

"Es una fundación que no está concentrada en generar ingresos, sino en ayudar a la comunidad con información útil, que los oriente y los guie en una manera diferente a los medios informativos tradicionales".

Su obsesión por dar su aporte a la comunidad, también lo ha sentado en la mesa directiva de la Universidad (Privada Católica) Benedictina en Leslie, Illinois; *The Latino Family Commission in Illinois*, y de la *Fundación de ciudades Hermanas de Naperville y Patzcuaro*, del cual es su presidente.

Su proverbial labor caritativa tiene su explicación —asegura— en el recuerdo de su padre y la experiencia que sufrió desde muy joven.

"Estuve 13 años sin documentos y sufrí mucho cuando tuve que dejar la escuela. Por suerte, este también es un país de oportunidades. Cruzamos la frontera, llegamos desamparados, sin documentos, sin padre, y salimos adelante. Ahora, si tienes educación, todo es diferente".

Y este empresario cuyo sendero al éxito empezó limpiando pisos y baños, tiene un mensaje para todos los hispanos exitosos como él:

"Sean más participativos en la comunidad. Hagámosle llegar más de nuestros beneficios a

aquellos desafortunados. El dinero que hagamos
ahora, no lo llevaremos con nosotros a la tumba".

24
Letty Vélez:
Cuando el éxito llega en guagua

Está por doquier: en eventos de *networking,* manejando su compañía, haciendo donaciones, en una conferencia en Washington, buscando clientes, conectándose por aquí y por allá.

La energía inagotable que parece tener Letty Vélez explica el éxito que ha tenido con Chicago Mini Bus Travel, su compañía de guaguas, como le llaman a los ómnibus en su natal Puerto Rico, que ha convertido en una empresa líder de su tipo en Chicago y su área metropolitana.

Pero su espíritu incansable es sólo una parte de su historia empresarial. También cuenta su aguda vista para ver la oportunidad y atraparla, aunque tenga que bregar contra los estereotipos.

Porque cuando Vélez abrió en el 2004 Chicago *Mini Bus Travel*, no fueron pocos los que se sorprendieron de ver a una "intrusa" meterse en un territorio empresarial tradicionalmente controlado por hombres.

"Al principio no me hacían caso. O cuando daba mi tarjeta de presentación y me identificaba como la dueña de una empresa de ómnibus, muchos abrían la boca y decían ¡¿What?!", sonríe.

La idea se posó en su mente, luego de que su esposo cerrara una compañía similar en el 2003, cuando la puertorriqueña trabajaba de manager de tiendas por departamentos, una responsabilidad que desempeñaba desde sus 19 años.

Tomada la decisión, Vélez aprovechó la oferta de una empresa de ómnibus que tuvo que liquidar sus equipos con urgencia y compró seis guaguas con su propio dinero.

Más tarde echó mano a una guía telefónica y comenzó a contactar a cientos de personas a través de cartas, fax y correos electrónicos convencida de que algo bueno saldría de ese arrebato comunicativo.

"El punto era comunicarle a la gente que había algo nuevo en el mercado", dijo Vélez, consciente de que "ser mujer y latina" era otro obstáculo para poner en marcha su iniciativa.

La compañía, que en el 2012 operaba 30 autobuses de diferentes tamaños, con capacidad entre 24 y 37 pasajeros, ha tenido clientes de lujo para una empresa joven. Los *Chicago Bears, HSBC, Sears Holdings Chicago Cubs, PepsiCo, Hyatt Lodge y McDonalds Corporations*, figuran entre los que se subieron a los minibús que también en un abrir y cerrar de ojos ha ganado reputación por la excelencia en el servicio.

Equipo de calidad conectada

"Lo que hemos hecho —confiesa— es proveer los altos estándares de calidad en los servicios, apoyados por un brillante equipo de trabajo, choferes de experiencia y enfocados en proveerle a nuestros clientes seguridad y una opción costeable de transporte".

En el acelerador de *Mini Bus Travel* pesa mucho la habilidad de Vélez para estar "todo el tiempo conectada" desde que inició esta aventura empresarial.

A diferencia de otras muchas empresarias, Letty Vélez no ha tenido la oportunidad de sacar una maestría en las universidades de Loyola, DePaul o la UIC, pero puede decirse que tiene un doctorado en relaciones públicas.

"He recibido mucho apoyo de la gente. Algunos clientes y amigos les encantan verme crecer", señaló.

Uno de los primeros espaldarazos vino de la Cámara Hispana de Comercio de Illinois (IHCC), de la que agradece —dijo— las increíbles conexiones que le ha permitido esta organización de la cual es miembro.

"Quedé impresionada cuando, sin conocerme, me preguntaron si quería que fuera un mentor para mi negocio. Les dije que sí de inmediato".

Superada la etapa inicial, donde también aprendió de *Women Business Development Center*, Vélez armó en su entorno un grupo de dueños de empresas y altos ejecutivos exitosos "para traer ideas frescas y ayudarnos uno a los otros".

El *Inner Circle*, como lo denominaron, lo integraron Brandon Smith, entonces gerente de mercadotecnia de *Sam's Club*; Olga Camargo, Vicepresidente Ejecutiva de *Mesirow Financial*; Neli Vázquez–Rowland, Vicepresidente de Estrategia de Desarrollo de *A Safe Haven LLC* y Marty Murray, co–fundador de *LeasePro's LLC*.

Letty es la primera impresionada de cuán lejos ha llegado su éxito empresarial al timón de sus guaguas. *Walmart*, la compañía más grande del mundo, incluyó a la empresaria boricua entre las dueñas de negocios que se benefician de un programa denominado *"Global Women's Strategy: Women's 360"* y que lleva una inversión de más de $20 mil millones.

Bajo este proyecto, la empresaria redefinió el papel de su empresa bajo el nombre de *Vélez Enterprise*, la cual provee transporte a las personas que, por diferentes razones, no pueden trasladarse de sus comunidades a sus tiendas en todo el país.

La oportunidad no cayó de la nada. Detrás de esta iniciativa hubo un minucioso plan de transporte que la empresaria elaboró para la corporación y que desde el 2010 ha funcionado como piloto en la primera tienda de *Walmart* en Chicago, en North Ave.

De este modo, Vélez Enterprise inició el servicio de "Shuttle", que proporciona un transporte de ida y vuelta de siete días a la semana y 10 horas al día a residentes de la ciudad que deseen ir a la tienda.

Prosperidad y caridad

En la medida que la empresa prospera, también crece el corazón caritativo de Vélez no menos obsesionada por ayudar a la gente: "devolverle a la comunidad lo que ha hecho por nosotros".

Bajo esa filosofía, Letty ha donado vehículos y tiempo a causas filantrópicas. Junto con algunos de sus clientes como *McDonald´s Corporation*, se ha enfrascado en la repartición de juguetes y otros eventos de caridad.

Sus actividades de filantropía han llamado la atención de medios como el *Chicago Tribune* y *The*

New York Times que han escrito artículos sobre ella.

Pese a reconocer que transitan tiempos difíciles, Vélez siempre tiene prendida la luz larga en la carretera del crecimiento.

Dos años antes de recibir la oportunidad con *Walmart expresó:* "Quisiera convertir a *Chicago Mini Bus Travel* en una empresa nacional, ampliarnos mediante la contratación de servicios chárter y hacer negocios con el gobierno aprovechando mi condición de mujer y latina".

Y cuando escucha hablar de todos esos planes, usted pudiera pensar que si un el día se acaba el combustible en este planeta, Letty Vélez seguirá rondando los vehículos con su propia energía.

25
Eduardo Rodríguez:
Lo que vendo es nostalgia

Aquí no hay un problema de conflicto generacional. Todo lo contrario. Se trata del negocio de papá, de la familia, y con eso no se juega.

Y el sentido de la responsabilidad de los gemelos Julio y Eduardo Jr. parece venir desde que eran unos niños de 10 años y ayudaban a su padre en el Supermercado Centro, entonces un negocio familiar.

La memoria de Eduardo Jr. vuela hacia su infancia: "Trabajábamos acomodando productos en los anaqueles, en la carnicería, la caja, en la limpieza y en lo que fuera necesario".

Niños en una dulcería

Aquellos niños crecieron, se graduaron en la Universidad y hoy son dos jóvenes claves en las operaciones y estrategia de *Dulcelandia*, una empresa que vende piñatas y dulces mexicanos o, como gusta decir a su fundador, "un poco de nostalgia".

Y nadie mejor que ellos para cargar sobre sus hombros con semejante desafío. Los dos fueron testigos del lanzamiento de Importadora San José, la compañía que abrió su padre a principios de los 90 para comprar productos de México, y luego vieron nacer *Dulcelandia* y subir de estatura hasta tener varias tiendas en Chicago y suburbios.

Ya adultos, los hermanos escogieron sus respectivas carreras en De Paul University pensando en la mejor manera de dar su aporte a lo que tanto sudor ha costado a su padre.

Eduardo Jr. se graduó de Mercadotecnia y Negocios Internacionales y Julio, logró una maestría en Administración de Empresa.

Luego cada hermano tomó un cuerno del toro: Eduardo Jr. es vicepresidente de Importadora San

José que lidia con los agentes aduanales y las empresas transportadoras, mientras Julio es el vicepresidente de Operaciones de *Dulcelandia.*

"Muchos hijos piensan que solo ayudan a sus padres siendo un simple empleado del negocio, en lugar de verlo como propio", dijo Julio.

Eduardo Rodríguez fundó *San José Imports, Inc.* a la sombra del Tratado de Libre Comercio para distribuir productos al mayoreo de México en Estados Unidos.

"Entonces buscamos algo que fuera atractivo. Después de una serie de estudios de mercado, nos percatamos que la industria de confitería era buena para hacer negocio".

Sin embargo, una vez que comenzó la operación de México, las cosas no salieron como lo esperaba.

"Al principio fue difícil vender al por mayor, los potenciales compradores no reconocían el mercado. Nos dimos cuenta que era más fácil el método directo, considerando la sensibilidad del consumidor".

De esta conclusión, surgió entonces la idea de *Dulcelandia*. La primera tienda fue abierta en la 5221 S. de la Kedzie, en el sur de Chicago, y en una esquina de su interior Eduardo puso productos de Halloween a lo mexicano.

Tocar el alma latina

Eduardo colocó después artículos alusivos al Día de los Muertos y a las Posadas: "Era algo que marcaba el tiempo y los recuerdos... En realidad lo que yo vendo es nostalgia".

El negocio prendió en el alma de una comunidad latina, mayoritariamente de origen mexicana que, como Eduardo, vinieron a Estados Unidos buscando nuevos horizontes, pero dejaron atrás toda una vida de tradiciones y costumbres que se resisten a perder, y quieren transmitir a sus hijos nacidos en este país.

De modo que al crear *Dulcelandia* a su mente, Eduardo sabía por carne propia que sus paisanos disfrutarían revivir sus tradiciones, como colgar una piñata llena de dulces para romperla con un palo en mano y los ojos vendados al coro de "Dale, dale, dale, no pierdas el tino...".

La aceptación fue inmediata y la empresa familiar empezó a crecer al punto que importa desde México alrededor de 100 camiones cada año con 45,000 libras cada uno. El 85 por ciento de los consumidores son latinos y un 15 por ciento no lo son. Este último grupo va en aumento.

En el rostro de Eduardo Rodríguez se dibuja el orgullo de contar con dos hijos preparados para tomar el timón del barco y navegar con la brújula de los tiempos modernos.

Porque el *Dulcelandia* de hoy es el típico ejemplo de cómo confluyen dos generaciones para llevar la compañía a puerto seguro. Mientras Julio y Eduardo Jr. buscan colocar a la empresa en otro nivel, usando las herramientas de la tecnología, con la mirada fija en la expansión a otras ciudades del país, Eduardo Sr. aporta su visión y experiencia que no se enseña en ninguna universidad.

"Para lograr el éxito deben identificarse los factores que están a favor y tus debilidades. Después de esto trabajar un plan de negocio factible".

Luego remata con una frase aprendida en su natal Durango, pero que quizás resulte la envidia de un académico de Harvard por su elocuencia: "A veces nos queremos comer el venado antes de matarlo".

AGRADECIMIENTOS

Nicado Publishing Co. agradece el patrocinio de las siguientes empresas para la realización de este libro y que aparecen por orden alfabético:

American Family Insurance

Comcast

GSG Consultans, Inc.

New York Life

United Airlines

Verizon

Wintrust Commercial Bank

Al Chicago Tribune por ofrecernos los artículos de Lisa Meneses, Roberto Ramírez, y Héctor Pérez , publicados por el autor en el diario HOY entre el 2003 y el 2007.

A José J. Carmona, por su contribución en el perfil a Arturo Velásquez, así como a Joan Romero, por concedernos la foto de Arturo para su publicación.

A los miembros de la aguerrida comunidad empresarial de Chicago quienes son los verdaderos autores de este libro.